Para los que se interesan por la relación entre la cu[illegible] prosperidad humana, el libro de Dwight Vogt, *Creados para [illegible]recer*, es un buen puerto desde el que zarpar. Está escrito de una manera clara, concisa y personal. Dwight ha dedicado más de 30 años a trabajar como gestor de proyectos, director nacional y director ejecutivo de una organización internacional para el desarrollo. Uno de los puntos fuertes de este libro es que el autor nos cuenta su historia personal de lo que ha aprendido por experiencia y reflexión. Acompáñele en este viaje. Le recomiendo encarecidamente *Creados para florecer.*

— Darrow Miller, autor y cofundador,
Alianza para el Discipulado de las Naciones

Creados para florecer es una mirada limpia y fresca a los buenos deseos de Dios para su creación, y al papel que Él nos invita a desempeñar en favor de todas las personas, comunidades y países. He conocido y trabajado con Dwight Vogt por más de 35 años y no me esperaba menos de lo que él nos ha regalado en esta pequeña gema de reflexión bíblica y personal. Es pura «cosmovisión bíblica» llevada a la práctica. Gracias, Dwight.

— Dave Conner, Ed.D., SPHR, ACC,
Director de desarrollo de talento, Duke University

Mi buen amigo y antiguo colega ha escrito un libro muy necesario y enternecedor acerca del propósito integral de Dios: el florecimiento de toda la humanidad. En los Estados Unidos se suele calificar a ciertas iglesias evangélicas de iglesias del «evangelio completo» debido a su acento en los dones espirituales. Pero Dwight Vogt muestra justamente qué significa el evangelio completo en este gran tratado. Lo recomiendo encarecidamente.

— David Evans, director-jefe de innovación,
World Vision International

Dwight proporciona gentilmente una sabiduría que revela lo que Dios desea para nuestras vidas y cómo se extiende por nuestra comunidad, país y el mundo que Él ha creado. Sus palabras nos retan a vivir del modo que Dios quiso para nosotros, a florecer y reflejar a Aquél cuya imagen somos portadores.

— Gene Mildren, presidente, *Mildren Design Group, P.C.*

Dwight Vogt expresa con palabras nuestro anhelo de plenitud, y la tensión que sentimos entre lo que la sociedad es y lo que podría llegar a ser. Volviendo al plan original de Dios para la humanidad, Él nos llama a representar el reino de Dios en cada faceta de la cultura moderna.

— Peggy Arendt, misionera, ReachGlobal,
Evangelical Free Church of America (EFCA)

La hermosura de *Creados para florecer* se desprende del propósito para el que ha sido salvo el pueblo de Dios. Si bien Dwight declara abiertamente de qué hemos sido salvos, también expone para qué hemos sido salvos de una manera clara y convincente. Dwight nos ayuda a ver las verdades fundamentales que hemos de abrazar y poner por obra en todas las esferas de la vida. Así que, tanto para ciudadanos, trabajadores, miembros de familia, vecinos, o cualesquier función que uno desempeñe, *Creados para florecer* es una herramienta sencilla y potente para redimir las oportunidades que Dios nos concede.

— Steve Corbett, coautor de *When Helping Hurts* (Cuando duele ayudar),
Profesor asociado de desarrollo comunitario en el Covenant College

En *Creados para florecer*, Dwight Vogt nos invita a considerar el deseo divino original para la raza humana. Dios desea intensamente que todos florezcan —que alcancen plenitud y profunda satisfacción. A pesar de nuestra grave Caída, hay esperanza. Dwight nos ayuda a dar los pasos necesarios para volver al amoroso plan de Dios.

— Faith Cummings, M.Div.,
Pastor del ministerio de mujeres, *Living Streams Christian Church*

CREADOS *para* FLORECER

EL PLAN DIVINO PARA LAS PERSONAS, COMUNIDADES Y NACIONES

COLECCIÓN METANOIA

Editorial JUCUM forma parte de Juventud con una misión, una organización de carácter internacional.

Si desea un catálogo gratuito de nuestros libros y otros productos, solicítelos por escrito o por teléfono a:

Editorial JUCUM
P.O. Box 1138, Tyler, TX 75710-1138 U.S.A.
Correo electrónico: info@editorialjucum.com
Teléfono: (903) 882-4725
www.editorialjucum.com

Publicado por la Alianza para el Discipulado de las Naciones
1110 E. Missouri Avenue, Suite 393
Phoenix, Arizona, 85014
www.disciplenations.org

Diseño de la cubierta: Joshua Hernández

ISBN: 978-1-57658-962-5

Primera edición

Impreso en los Estados Unidos

Agradecimientos

Hace varios años, mi esposa Deborah y yo fuimos de caminata alrededor de un lago por el norte de Arizona, y ella me pidió que le contará mis reflexiones de «trabajo». Después de una larga respuesta, Deborah me dijo que «debería escribirlas», y esos pensamientos me sirvieron luego como esbozo de este libro. Desde entonces, ella me ha estimulado en todo el proceso, escuchándome, leyendo borradores, y ofreciéndome su parecer. Le estoy inmensamente agradecido. Gracias, querida.

Aprecio el apoyo y el estímulo de mi colega Scott Allen, quien me ha dedicado tiempo y recursos. Estoy agradecido a Darrow Miller por ayudarme a empezar a pensar sobre este tema hace años con sus enseñanzas sobre *The Development Ethic*.[1]

También quiero dar las gracias a Stan Guthrie por su gran ayuda en organizar el primer borrador y a Gary Brumbelow por su apoyo editorial.

---

1 Darrow L. Miller, The Development Ethic (Food for the Hungry International, 1988), http://www.disciplenations.org/media/Development-Ethic-Hope-for-a-Culture-ofPoverty_Miller.pdf

Índice

«...Mas los justos reverdecerán como ramas».

– Proverbios 11:28

Introducción

Por Darrow Miller

Se dan dos tendencias en la cristiandad. La primera es la creencia de que el Calvario solo restauró la relación del hombre con Dios. La segunda es la expectativa de que el hombre es capaz de conciliar todas las cosas a costa de su propio esfuerzo. Pero ambas son falsas. La verdad, por otro lado, es que, en Cristo, debemos esperar y trabajar en pro de una sanidad sustancial de todas nuestras relaciones, incluida la relación con el resto de la creación.

También hay dos tipos de cristianos. A los del primer grupo, los califico de cristianos del tipo Génesis 3. Comienzan su lectura de la Escritura con la Caída y sus consecuencias, normalmente limitadas a su relación rota con Dios, y su naturaleza caída resultante. Cuando se comienza con Génesis 3, se limita la cruz y la obra de redención a la salvación de almas para ir al cielo. Cristo murió en la cruz por mis pecados para que yo pudiera reconciliarme con Dios en el tiempo y por la eternidad. Esto, por supuesto, es verdad. Pero los cristianos del tipo Génesis 3 comienzan con un contexto bíblico estrecho: la Caída y el quebranto humano en vez del contexto bíblico más amplio de Génesis 1.

Los cristianos del tipo Génesis 1, por otra parte, comienzan su estudio de las Escrituras en Génesis 1. Ellos entienden el contexto bíblico más amplio que ofrecen los dos primeros capítulos del buen y perfecto plan de Dios para todos los seres humanos y toda la creación. Los cristianos del tipo Génesis 1 perciben el buen y perfecto plan divino para todas las personas y toda la creación. Leen en el capítulo 3 que no cumplimos ese plan y que Dios se propone restaurar todas las cosas mediante la sangre de Cristo derramada en la cruz (Col. 1:20)

¿Cuál es el plan bueno y perfecto de Dios para todos los seres humanos y toda su creación? ¿Qué aspecto tiene? ¿Qué efecto produce?

Mi colega y buen amigo Dwight Vogt examina la Escritura y concluye que el plan original de Dios para los seres humanos y la creación es su florecimiento. Examina la primera comisión de cultivar la tierra en Génesis 1 y 2, la obra redentora de Dios con los hijos de Israel en el Antiguo Testamento, la vida y obra de Cristo, y la consumación de la obra de Dios en Apocalipsis 21 y 22, y concluye cuando los seres humanos y la creación funcionan como Dios los diseñó. Entonces florecen. Es decir, fuimos creados para florecer. Este es el plan de Dios. Su cumplimiento es su gloria.

Aunque el lector no sacara ningún otro provecho de este libro, la mera lectura del mismo le resultará beneficiosa.

Para ser honesto, este pensamiento puede también originar malestar si confundimos el florecimiento, la prosperidad humana, con una existencia lujosa y despreocupada. Pero como deja claro Dwight, el plan divino para florecer no es el evangelio de la prosperidad. Antes bien, es crecer y vivir según el plan divino, una vida que, aparte de «muy buena», acarrea «muy buenos» resultados para la creación y para otros.

Génesis 1:31 declara que Dios observó todo lo que había creado y lo consideró «muy bueno». Su plan era «muy bueno», y produce «muy buenas cosas». Por lo tanto, florecer es adecuar la vida con el plan de Dios.

La pregunta crucial es ¿en qué consiste ese plan? ¿Y cómo armonizar la vida con él?

Para responder a estas preguntas, Dwight considera las cuatro relaciones primordiales de la humanidad y se pregunta cuál fue el designio de Dios para cada una de ellas. Estas cuatro relaciones son: 1) la relación de Dios con el hombre; 2) la relación del hombre consigo mismo; 3) la relación del hombre con otros seres humanos; y 4) la relación del hombre con el resto de la creación. Todas las filosofías y religiones —desde el ateísmo en Occidente hasta el Cao Dai (movimiento religioso sincretista) en Vietnam— tratan de definir estas cuatro relaciones.

De todo lo que se podría decir respecto a esas relaciones, Dwight indaga en la esencia del plan de Dios en Génesis 1 y 2, y obtiene un marco sencillo para abordar el designio de Dios para estas relaciones, su plan para cómo hemos de vivir y funcionar.

Este marco es útil de varias maneras.

Por ejemplo, yo suelo enseñar que tenemos que tener mentes y corazones renovados. Romanos 12:2 nos exhorta: «…transformaos por medio de la renovación de vuestro entendimiento». Esto significa que hemos de ver y pensar lo mismo que Dios acerca de nuestra vida y el mundo. El marco de Dwight es un buen lugar para comenzar este proceso.

También señala que si la iglesia no discípula a la nación, la nación discipulará a la iglesia. Discipular a una nación es ayudar a la gente a conocer la buena voluntad del plan de Dios para el mundo para luego crear leyes, instituciones y normas que estén en consonancia con dicho plan. Para acertar en este empeño tenemos que conocer la esencia del propósito divino.

Por ejemplo, todas las instituciones, leyes y sistemas se basan en una visión particular de la persona humana —su identidad y su propósito, y su relación con Dios, con otros, y con el mundo material—. Si tenemos una idea equivocada del ser humano, la tendremos de las instituciones, la economía y las leyes. Repetimos, este marco proporciona un buen punto de partida.

En la Alianza para el Discipulado de las Naciones, abordamos la cosmovisión bíblica y el poder de la verdad aplicada. Una cosmovisión correcta solo es efectiva cuando es aplicada. Muchos enseñan acerca de una cosmovisión abstracta, en ámbitos académicos, por ejemplo. Pero el poder de una cosmovisión estriba en su aplicación. Dwight es un hombre práctico, consciente del poder de las ideas. Por lo cual, está bien preparado para escribir sobre este asunto.

Como cristianos, podemos ser profundos en el conocimiento de la verdad, pero superficiales en aplicarla. Lo que nos suele faltar no es conocimiento, sino poder. Solemos identificar esto como falta de voluntad o de autodisciplina o de instrucción, pero Dwight sugiere que el poder que necesitamos está disponible a través del Espíritu Santo. Relacionamos justamente el poder del Espíritu Santo con la obra de regeneración, la convicción de pecado, las sanidades y milagros y la evangelización. Pero rara vez vinculamos el Espíritu Santo, su poder y su sabiduría con la creación de leyes, instituciones y órdenes jurídicos y económicos. No relacionamos fácilmente el poder del Espíritu Santo con la tarea de cumplir el plan de Dios en nuestra relación con Él, con nosotros mismos, con otros y con el mundo material. A menudo no conectamos el Espíritu Santo con la actividad cotidiana de hacer bien nuestro trabajo, hacer el ejercicio que debemos, leer un buen libro para desarrollar nuestra mente, hacer siempre lo mejor por la gente que nos rodea, y recrearnos bien.

Pero Dwight sí lo hace. Él plantea que únicamente mediante la presencia y la obra del Espíritu Santo podemos aplicar plenamente «la cosmovisión bíblica». Solo mediante el poder y la sabiduría inmanentes del Espíritu Santo podemos vivir plenamente el plan de Dios para cumplir lo «muy bueno», es decir, para florecer.

Finalmente, creo que el tema que toca este libro es importante ahora mismo porque nuestros congéneres tienen que saber que Dios realmente quiere el bien para ellos —y no un bien cualquiera, sino «lo mejor»—. Esto no solo define el carácter y la naturaleza divina sino también su voluntad y su objetivo para toda su creación.

Dios quiere realmente que florezcamos. Creo que el mundo necesita oír esto. Nosotros luchamos contra el pecado y el mal y el mundo lo interpreta como defensa del carácter y la naturaleza de Dios. Pero ¿ven los paganos la misma lucha contra el pecado y el mal como un medio para su propio florecimiento y el florecimiento de otros? ¿No es éste, en última instancia, el carácter de Dios?

El mundo necesita saber que luchamos contra el pecado y el mal no solo porque ofende y amenaza nuestro sentido de la moral, sino también porque impide el florecimiento humano y porque Dios nos creó para florecer.

Y he de decir una última cosa. La manera en que Dwight ha escrito este libro es divertida y especial. Es el viaje de exploración de un consumado profesional del desarrollo que ha visto la necesidad de que la verdad impulse la transformación de personas, comunidades y naciones.

Que disfrute de este libro.

— Darrow Miller, autor y cofundador de la Alianza para el Discipulado de las Naciones

Parte 1

La separación entre el evangelio y el desarrollo

Todos deseamos progresar y mejorar en la vida. En todo el mundo los padres desean que sus hijos tengan una mejor vida que ellos. Nos despertamos por la mañana y esperamos que hoy sea mejor que ayer.

El deseo de progreso —de crecer y que las cosas mejoren— es innato. Estamos programados así. Un recién nacido sano empieza a crecer y progresar instintivamente. Pronto empieza a mirar, escuchar, aprender y ejercitarse. Pronto empieza a revolver el cereal en el bol para diseñar algo. Al cabo de poco coloca un bloque de juguete encima de otro para construir algo. Nuestro gran Creador, quien no hace nada en vano, nos ha diseñado para desarrollarnos.

Ya hablemos de personas, o comunidades, o naciones, la gente quiere crecer y progresar, quiere desarrollarse. En el fondo, el desarrollo consiste en un mejoramiento de la vida. En superar los desafíos, en mejorar la vida de manera sostenible.

Para algunos, esto significa obtener una fuente de agua potable cerca, o incluso dentro de su casa. Para otros, significa adquirir una nueva destreza para mejorar su trabajo. Para otros, superar una adicción. Para otros, asistir a un curso de posgrado para aumentar el conocimiento y la aptitud. Para un empresario, puede significar incrementar las ventas. Para una comunidad, podría ser reducir la tasa de criminalidad o aumentar la actividad comercial.

Un buen sinónimo para desarrollo sería florecimiento o fructificación. Florecer equivale a crecer y desarrollarse de una manera sana y vigorosa. Es imagen de un árbol cubierto de verdes hojas y cargado de buen fruto. Es un niño que aprende y destaca en la escuela. Es el artesano que usa su destreza para fabricar un producto de calidad. Es la maravillosa imagen de la creación que vemos en Génesis 1 y 2.

El verano después de mi último año de universidad, viajé con un grupo grande de estudiantes y miembros del profesorado a Tailandia para trabajar con refugiados de Laos, Camboya, Vietnam y Myanmar. Al final del verano el grupo regresó a los Estados Unidos, pero yo me quedé en el este de Asia. Una oportunidad condujo a otra, y la labor de desarrollo internacional pasó a ser mi interés vocacional y lo ha seguido siendo por más de treinta años.

Mi vocación me ha dado motivo para reflexionar detenidamente en este tema y preguntarme ¿qué significa realmente fructificar y cuál es la mejor manera de ayudar a personas y comunidades a desarrollarse y progresar?

Como cristiano, me he solido preguntar qué dice la Biblia y su cosmovisión integral acerca del desarrollo. Se nos exhorta: «No améis al mundo, ni las cosas que están en el mundo» (1 Juan 2:15). ¿Cómo encaja esto? Más concretamente, ¿cómo casa el desarrollo con el evangelio?

No creo que sea el único que se hace estas preguntas. ¿Cómo encaja este deseo, al parecer innato, de mejorar la vida, de desarrollarse y fructificar, con el plan divino, si es que encaja?

A menudo percibimos que la fe cristiana nos exige lo opuesto. Asumimos que el ideal cristiano se centra en el prototipo de la madre Teresa, que sacrifica salud y bienes materiales para servir a los pobres con plena dedicación. O que el ideal lo encarna uno como el apóstol Pablo, que gana solo lo suficiente para alimentarse, y dedica su vida a viajar por el mundo predicando y enseñando. Jesús mismo parece señalar en sus enseñanzas lo contrario a prosperar.

- «Bienaventurados vosotros los pobres, porque vuestro es el reino de Dios» (Lucas 6:20).
- «Mas ¡ay de vosotros!, ricos porque ya tenéis vuestro consuelo» (Lucas 6:24).
- «Las zorras tienen guaridas, y las aves del cielo nidos; mas el Hijo del Hombre no tiene dónde recostar su cabeza» (Mateo 8:20).
- «Si alguno quiere venir en pos de mí, niéguese a sí mismo, tome su cruz cada día, y sígame» (Lucas 9:23).

La verdad es que Jesús nos invita a seguirle y abrazar los sufrimientos y dificultades que sobrevengan. La experiencia del mal y el sufrimiento en este mundo caído es real. Los buenos sufren dolor y pérdida. Los santos sufren martirio. La vida es difícil. Jesús no prometió que todo en la vida sería color de rosa para los que temen a Dios. Hay ocasiones en las que lo mejor que podemos hacer es soportar la aflicción y no tratar de escapar.

¿Pero se oponen el sufrimiento y las dificultades a la prosperidad? Cuando yo era joven plantamos un árbol en el patio y lo aseguramos con una estaca para protegerlo del viento. Años después quitamos la estaca y el árbol se torció al soplar la primera brisa. El tronco del árbol se fortalece con el viento. Sus raíces se hacen más profundas por causa de la sequía. Sus ramas producen más fruto cuando se podan.

Santiago 1 y Juan 15 aseguran que las pruebas de la vida nos hacen fructificar. Jesús sufrió más que ninguno, pero también floreció en vida más que todos. Esteban, el primer mártir, padeció en la hora de su martirio, pero vivió una vida maravillosamente fructífera, marcada por gran sabiduría, poder y coraje.[1] Nuestra familia sufrió la pérdida de nuestra segunda hija, lo que por aquel entonces nos confundió, pero después experimentamos un nivel de florecimiento que no habría sido posible de no haber recorrido ese periplo.

Algunos ven la conexión entre el desarrollo y el evangelio en el evangelio social, que asegura que la transformación de la sociedad y la venida del reino de Dios se consiguen por medio de la educación, el derecho, la política estatal y la economía política. Los partidarios del evangelio social consideran la salvación material superior a la salvación espiritual. Esto es una negación flagrante del evangelio.

Otros ven una conexión entre el florecimiento y el evangelio en el evangelio de la prosperidad, que asevera que la voluntad de Dios es siempre la salud y la riqueza material. Estas bendiciones están garantizadas a los que practican la fe, la confesión positiva y el apoyo económico a la iglesia (o líder cristiano). Este enfoque interpreta básicamente la Biblia como un contrato entre Dios y los seres humanos; si los seres humanos tienen fe en Dios y le obedecen de cierta manera, Dios enviará seguridad, salud y prosperidad.

Tanto el evangelio social como el evangelio de la prosperidad, con su acento particular en la repercusión de las buenas nuevas y la actitud necesaria para recibirlas, no

1 Hechos 6–7.

aciertan a ver la legítima relación entre desarrollo y el evangelio.

Para entender cómo encaja el desarrollo con el evangelio, tenemos que comenzar por Génesis. Ahí es donde comienza la historia del evangelio.

Todas las filosofías y religiones que hay en el mundo intentan proporcionar una forma de entender la vida y la realidad, una manera de dar sentido a las relaciones básicas de la vida, de la siguiente manera:

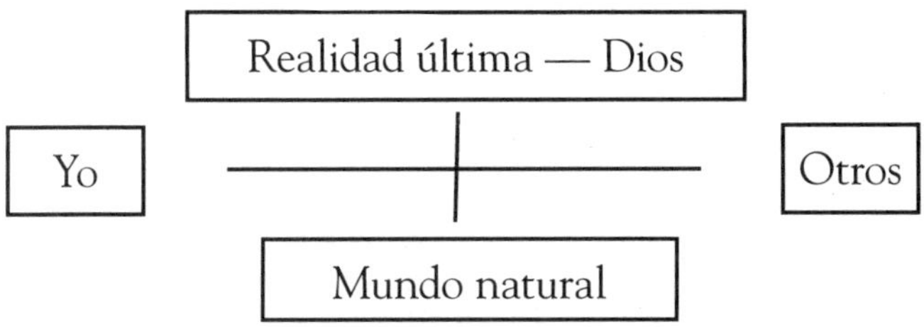

Relaciones básicas de la vida

La religión y la filosofía tratan de dar una respuesta a las cuestiones básicas de la vida.

- ¿Hay una realidad espiritual? Si es así, ¿qué es?
- ¿Qué significa ser humano?
- ¿Qué relación tenemos con el mundo natural?
- ¿Qué propósito tenemos? ¿Por qué estamos aquí?
- ¿Cuáles son las normas para vivir? ¿Quién las establece?
- ¿Por qué existen el sufrimiento y el mal? ¿Cómo debemos responder ante ellos?

Respondemos estas preguntas consciente o inconscientemente y las respuestas que damos constituyen los supuestos básicos que rigen nuestra vida. Podemos incluso asimilar respuestas de diversas religiones, filosofías e ideas. A este conjunto de respuestas lo llamamos visión del mundo o cosmovisión. Es nuestra manera de entender el mundo y la vida. Todo el mundo tiene una cosmovisión. Ésta es como unos anteojos mentales a través de los cuales interpretamos la vida y decidimos lo que es real y verdadero. Las gafas nos ayudan a ver con precisión, o si la prescripción no es exacta, distorsionan nuestra visión. Del mismo modo, una cosmovisión nos puede proporcionar claridad o distorsionar e impedir ver el mundo como realmente es. Puede ser correcta o equivocada.

La Biblia nos ofrece una cosmovisión global y una ventana transparente para ver la realidad. Como dice mi colega Darrow Miller, solo la cosmovisión bíblica concuerda plenamente con la realidad —«la realidad tal cual es»—. Revela el designio divino para el mundo y todo lo que en él hay. Revela quiénes somos y por qué estamos en este planeta. Abarca todos los aspectos de la vida.

La Biblia responde las preguntas básicas de una cosmovisión —las preguntas básicas de la vida— en los tres primeros capítulos.

Génesis 1 y 2 nos muestran el plan divino de la creación, cómo debía ser el mundo y cómo debía funcionar. Declara nuestra vocación. El capítulo 3 nos aclara qué se torció y nos explica lo que experimentamos actualmente en la vida. Nos indica cómo se pervirtió nuestra vocación.

Génesis 1 & 2	Génesis 3
El plan divino de la creación	¿Qué se torció?
El deseo original de Dios	Nuestra realidad actual
Nuestra vocación	Nuestra vocación pervertida

La cuestión es, ¿basamos nuestra visión del mundo en los capítulos 1 y 2: cómo diseñó Dios el mundo y la humanidad?, o en el capítulo 3: ¿cómo es el mundo hoy?

La respuesta correcta es «ambos», pero yo me perdí, sin saberlo, algo crucial. Mi cosmovisión cristiana se formó principalmente a partir de lo que fue mal en Génesis 3 y no sobre el designio original de Dios para nuestra vida y vocación, en los capítulos 1 y 2.

Yo me crié en un ambiente de iglesia evangélica, asistía a los servicios religiosos, escuela dominical, escuela bíblica de vacaciones, clubs de la Biblia y campamentos de verano. La instrucción teológica que recibí en todos ellos enfatizaba el capítulo 3, no consideraba enteramente los capítulos 1 y 2. Como resultado de ello, mi entendimiento del propósito de Dios era incompleto, y en la primera fase de mi trabajo me costó ver la relación entre desarrollo —el propósito divino para el florecimiento humano— y el evangelio.

Me formé con *La carretera romana hacia la salvación*, *El libro sin palabras*, y *las cuatro leyes espirituales*. *La carretera romana* resume el evangelio en cinco versículos tomados de la epístola a los Romanos. El primer versículo, Romanos 3:23, dice así: «Por cuanto todos pecaron, y están destituidos de la gloria de Dios». *El libro sin palabras* representa los puntos clave del evangelio en cinco páginas a color .La primera es dorada, para recordarnos el cielo —Dios desea que todos estén con Él en el cielo—. La segunda es oscura, nos recuerda la negrura del pecado —por cuanto todos hemos pecado—. *Las cuatro leyes espirituales* comienzan con la declaración: «Dios le ama y tiene un plan maravilloso para su vida», y después señalan nuestra separación de Dios por causa del pecado.

Estos bien conocidos medios de evangelización ofrecen un resumen sencillo y convincente del evangelio. Todas ellas enfatizan debidamente la realidad del pecado, cómo nos separa de Dios y cómo, aparte de Cristo, todos estamos bajo el juicio de Dios. Pero ninguna de ellas señala el plan original de Dios para nuestra vida y para la creación expresado en Génesis 1 y 2.

Estos medios dejan claro que Jesús expió nuestros pecados en la cruz para poder ser perdonados, libres del pecado y la vergüenza, tener una relación personal con Dios, e ir con Él al cielo cuando muramos. Aclaran que solo somos salvos por gracia —no por obras— y que debemos creer y recibir individualmente el regalo de la salvación. Dios nos concede el Espíritu Santo para ayudarnos, y como sello de su salvación. Yo entendí que como respuesta debemos vivir vidas que glorifiquen a Dios, y compartir el evangelio con otros para que ellos también puedan tener vida eterna y una relación con Dios.

También me resultaba evidente, por la Escritura, que Dios se ocupa de las necesidades físicas, económicas y sociales de la gente, y que la muerte de Cristo en la cruz fue para reconciliar con Él todas las cosas (Col. 1:20).

Así entendía yo el evangelio. Mi idea de cómo se aplicaba esto al desarrollo o labor de mejorar las condiciones de vida era la siguiente:

- La gente necesita saber que Dios les ama. Necesita oír el mensaje de salvación para poder recibir el perdón de pecados, una relación con Dios y la seguridad de una vida eterna con Él en el cielo. Hacer obra de desarrollo o ayudarles a mejorar sus vidas era una forma de mostrarles el amor de Dios para que pudieran responder a su mensaje.
- Cuando servimos a otros ayudándoles a mejorar sus vidas, glorificamos y agradamos a Dios.

- Finalmente, entendía que cuando la gente cree en Dios y le obedece puede esperar su bendición. Esta bendición conduce al desarrollo físico, social y económico de sus vidas.

Todo esto es verdad, y por unos veinte años, así entendí la relación entre el desarrollo y el evangelio.

Entonces, ¿qué me estaba perdiendo? Al entender que el evangelio y el propósito divino empezaban en Génesis 3, no veía el plan y la vocación original de Dios para la humanidad en Génesis 1 y 2 y cómo se relaciona esto con el evangelio.

Por ejemplo, la pregunta de cosmovisión acerca de la humanidad ¿cuál es mi identidad?, ¿quién soy yo?, ¿qué relación tengo con Dios? El ambiente evangélico en el que me crié respondía esta pregunta a partir de Génesis 3. El hombre es un pecador caído —«Por cuanto todos pecaron, y están destituidos de la gloria de Dios»[2] y «No hay justo, ni aun uno»[3]—. Esto es verdad, y desde luego, coincide con mi experiencia presente. Pero si respondemos esta cuestión a partir de Génesis 1, vemos que hemos sido creados a semejanza de Dios —hombre y mujer (Gén. 1:27)—. Dios estableció nuestra identidad humana como portadores de su imagen. Como portadora de su imagen, toda persona debe reflejar el carácter y la naturaleza de Dios a los demás y a toda la creación. Sabemos que esta identidad quedó arruinada y hecha añicos por el pecado (Gén. 3), pero Dios no cambia de parecer. Este sigue siendo su designio para cada persona. La obra salvífica de Jesucristo consiste en devolver esta identidad a la gente (1 Cor. 15:49; Heb. 2:9–18). El

2 Romanos 3:23.

3 Romanos 3:10.

teólogo N. T. Wright declara que esto equivale a ser «plenamente humano».[4]

El desarrollo consiste en ayudar a las personas a vivir plenamente como portadoras de imagen. Este «desarrollo» es solo posible a través de Cristo. Por eso, para poder realmente ayudar a las personas a mejorar sus vidas y florecer necesitan a Cristo.

Un segundo ejemplo de lo que se pierde cuando se comienza el evangelio en Génesis 3 tiene que ver con la pregunta de cosmovisión acerca de nuestra relación con el mundo natural. ¿Cómo nos relacionamos con la naturaleza o con el mundo en general? Cuando se responde esta pregunta desde Génesis 3, la relación entre los seres humanos y el mundo natural viene marcada por el conflicto y la refriega. Las mujeres sufren dolor en el parto. La tierra produce cardos y espinas; cultivamos alimentos con gran esfuerzo y sudor. Hacemos bien en sobrevivir y perseverar hasta que morimos.

Esto es verdad, pero si abordamos el evangelio a partir de Génesis 1, vemos que Dios creó a la humanidad para gobernar sobre la creación, fructificar y llenar la tierra. El propósito divino para todas las personas no es solo sobrevivir y aguantar hasta la muerte. Es gobernar sobre la creación y todo lo que ello implica. Por causa del pecado ninguno llega a cumplir cabalmente este llamado, pero este sigue siendo el propósito divino para nuestra vida. La obra salvífica de Jesucristo incluye la restauración de la vocación divina de cada persona.

Cómo encaja esto con el desarrollo es obvio. El plan de Dios es que las personas gobiernen la creación para llenar la

---

4 N. T. Wright, «How Can the Bible Be Authoritative?». (Vox Evangelica, 1991), 7–32, http://ntwrightpage.com/2016/07/12/how-can-the-bible-be-authoritative/.

tierra y hacerla florecer. El cumplimiento pleno de este llamado conforme al deseo de Dios es solo posible por mediación de Cristo.

Un tercer ejemplo de lo que se pierde si el evangelio comienza en Génesis 3 tiene que ver con la cuestión de la relación de Dios con este mundo. En Génesis 3 vemos un mundo bajo la maldición, herido por el pecado y separado de Dios. Es verdad. Pero si el evangelio comienza en Génesis 1, vemos que Dios creó un mundo perfecto, «muy bueno», y Él estaba presente. Es decir, el cielo y la tierra estaban unidos. Luego entró el pecado y con él la separación y la muerte. La historia de la Biblia —el evangelio— es la reconciliación y restauración divina de lo que se había perdido.

¿Cómo encaja esto con el desarrollo y el florecimiento humano? El plan divino de Dios es estar presente en la tierra por medio del Espíritu Santo en los que le siguen. Capacitados por el Espíritu Santo, sus seguidores deben llevar sanidad, justicia, verdad, bondad y belleza al mundo. Esta presencia y capacitación de Dios en nosotros solo es perfectamente posible mediante la obra de salvación de Cristo.

Así es cómo encajan el evangelio y el desarrollo.

En la iglesia evangélica, en un domingo normal, solemos cantar bastante acerca de que la expiación de Cristo nos acarrea gracia, perdón y libertad de la culpa y la vergüenza del pecado, restaura nuestra relación con Dios y nos promete vida eterna con Él. Cantamos acerca del Espíritu Santo y le pedimos que esté presente y nos ayude. No obstante, hay muy pocas canciones sobre cómo nos restaura el evangelio con la vocación que Dios nos ha dado en la tierra: reflejar la naturaleza divina y llevar restauración y florecimiento al mundo que nos rodea. ¡Tenemos que componer más canciones sobre este tema!

Preguntas de aplicación

El plan divino en la creación fue que el mundo y la humanidad fructificaran; su designio fue que ésta viviera de tal manera que consiguiera ese fin. La obra salvífica de Jesucristo nos redime para vivir conforme a este plan, para poder florecer y hacer prosperar a otros.

Para captar el plan divino respecto a cómo se ha de vivir, Dwight se hace eco de lo que Abraham Kuyper, teólogo holandés, identificó como tres relaciones fundamentales en torno a las que gira la vida de cada persona:

1. Nuestra relación con Dios o con lo que en última instancia explica toda la realidad;

2. Nuestra relación con la humanidad; definida de este modo:
   a. cómo nos vemos y nos relacionamos con nosotros mismos, y

   b. cómo vemos y nos relacionamos con los demás.

3. Nuestra relación con el mundo —el resto de la creación.

La Biblia nos presenta, en Génesis 1 y 2, el plan perfecto de Dios respecto a estas relaciones fundamentales. Por causa de la Caída y a la entrada del pecado en el mundo perdimos de vista esta verdad y la capacidad de vivirla. En consecuencia, toda religión y filosofía ofrece su propia explicación de estas relaciones fundamentales. Por ejemplo, el ateísmo declara que no hay Dios y que la realidad que explica el mundo y la vida es la materia y el azar.

1. ¿Puede usted dar otro ejemplo de una idea de Dios distinta a la que afirma la Biblia?

2. Las ideas acarrean consecuencias. ¿Qué consecuencias cree usted que acarrea esta idea?

3. Dwight comenta brevemente la relación entre el florecimiento y el sufrimiento. ¿Puede una persona sufrir y fructificar al mismo tiempo? ¿Conoce usted a alguien que a pesar de sufrir florece?

4. ¿Puede usted recordar algún personaje bíblico que sufriera y floreciera?

5. Sabemos que Dios puede aprovechar el sufrimiento para perfeccionarnos. Esto parece sugerir que es preferible la senda del sufrimiento a una senda más fácil. Por otra parte, Dios nos ha encargado señorear sobre la tierra y nos ha predispuesto a luchar contra

el sufrimiento humano. ¿Cómo concilia usted estas dos opciones?

6. Muchos atletas de éxito deciden sufrir horas de entrenamiento y esfuerzo físico para poder competir con éxito. Algunos profesionales deciden sufrir largas horas y años de estudio para poder llegar a la cima de su profesión. El apóstol Pablo sabía que tendría que soportar mucho sufrimiento para vivir conforme al llamado específico de Dios a su vida como apóstol y evangelista. Sin embargo, él resolvió abrazarlo y vivió una vida maravillosamente fructífera. ¿Qué decisiones ha tomado usted en su vida que implican sufrimiento, pero también conducen al florecimiento personal y de otros?

Parte 2

El plan divino de la creación para florecer

En Génesis 1 y 2, vemos el plan divino respecto a cómo debe vivir y funcionar la humanidad —nuestro llamado o vocación—. Adán y Eva fueron creados para florecer y hacer florecer el mundo en derredor suyo. Este designio era la gloria de Dios. Cuando ellos pecaron esta vocación se estropeó y se distorsionó, pero el deseo de Dios no cambió. Siguió siendo el mismo.

En esta sección examinaremos seis elementos esenciales del admirable plan divino para toda la humanidad. Abordan las cuestiones básicas sobre la visión del mundo y de la vida: ¿Hay una realidad espiritual? Si es así, ¿en qué consiste? ¿Qué significa ser humano? ¿Qué relación tenemos con el mundo natural? ¿Qué propósito tenemos? ¿Por qué estamos aquí? Creo que estos son los pilares básicos de una vida y una sociedad florecientes.

1

Creados para florecer

Todos experimentamos tarde o temprano que la vida está plagada de dificultades. A un buen amigo le diagnostican cáncer cerebral. Una familia se enfrenta al desempleo. Un empresario pierde demasiadas ventas. Una comunidad combate contra un virus mortal. Un país lucha contra la pobreza y la corrupción endémica. Este tipo de cosas están a la orden del día.

Y sin embargo, sentimos que la vida no debería ser así. Algo va mal. No solo queremos que la vida sea mejor, creemos que debería ser mejor. ¿Por qué?

Leyendo el libro de Génesis, descubrimos que hemos sido creados para florecer. Usamos florecer en el sentido de crecer debidamente y prosperar. Supone un crecimiento vigoroso, productividad y fructificación. Una planta floreciente está henchida de colores, hermosas flores, maravillosa fragancia y fruto delicioso.

En cambio, la prosperidad humana, tiene que ver con el desarrollo de individuos y comunidades para vivir de manera sana y productiva. No se limita a la ganancia económica y el progreso material. El deseo divino de prosperidad cubre todo aspecto de la vida: trabajo, descanso, ocio o esparcimiento, relaciones, matrimonio, sexo, familia, iglesia, comida, aficiones y vacaciones. Nada queda excluido. Todo está incluido en la voluntad divina de prosperar y, por tanto, es sagrado.

En su sentido más amplio, la palabra florecer (prosperar) es afín a la palabra hebrea *Shalom*. Traducida por paz, *Shalom* aparece más de 250 veces en el Antiguo Testamento. El significado general de la raíz es entrar en un estado de plenitud y unidad, una relación restaurada. También transmite una amplia gama de matices: realización, culminación, madurez, solidez, integridad, armonía, tranquilidad, seguridad, bienestar, protección, amistad, acuerdo, éxito y prosperidad.[1]

El Salmo 1 describe el florecimiento de esta manera: «Será como árbol plantado junto a corrientes de aguas, que da su fruto en su tiempo, y su hoja no cae; y todo lo que hace, prosperará». Esto se vuelve a declarar en Jeremías 17:8: «Porque será como el árbol plantado junto a las aguas, que junto a la corriente echará sus raíces, y no verá cuando viene el calor, sino que su hoja estará verde; y en el año de sequía no se fatigará, ni dejará de dar fruto».

Como estos versículos indican, prosperidad no es lo mismo que evitar la dificultad. Helen Keller fue ciega y sorda, ella misma relata que vivió una vida plena y fructífera. George Washington Carver nació en esclavitud, se quedó huérfano cuando era niño, y el prejuicio y la discriminación que soportó retrasaron, casi paralizaron su educación. Con todo, prosperó y llegó a ser uno de los científicos más productivos del mundo.

---

1 Efraim Goldstein, «A Study on Biblical Concepts of Peace in the Old and New Testaments» (Jews for Jesus, 1997), https://jewsforjesus.org/publications/newsletter/december-1997/studyonbiblical.

Una de mis heroínas es Raquel. Ella reside en una comunidad pobre en los suburbios de Lima, Perú. Raquel trabajó toda su vida como ama de llaves, recibiendo un salario muy bajo. Sin embargo, todos sus hijos han estudiado, son adultos exitosos, y su hogar es uno de los más bonitos del vecindario. Con tantas dificultades, ¿cómo fue esto posible?

Dios nos creó para florecer —crecer y prosperar—, para una vida *Shalom*. Él desea este estado de bendición para nosotros y para el mundo.

Génesis 1 relata que Dios crea el mundo y todo lo que hay en él. Hace que la tierra *produzca* vegetación, plantas y árboles que *den fruto y se multipliquen*. Dios crea peces, aves, y animales terrestres, les bendice y les dice: «*Fructificad y multiplicaos*, llenad la tierra... y señoread en los peces del mar...» (énfasis añadido). El primer capítulo de la Biblia revela que Dios ha programado la creación para crecer y fructificar.

Dios creó el mundo para que fuera un buen lugar. Después de cada acto de creación, Dios se detiene a contemplar y observa que *es bueno*. «Dijo también Dios: "Júntense las aguas que están debajo de los cielos en un lugar, y descúbrase lo seco".[2] Y vio Dios que era *bueno*». «Y vio Dios todo lo que había hecho, y he aquí que era bueno en gran manera».[3] «Y dijo Dios: He aquí que os he dado toda planta que da semilla, que está sobre toda la tierra, y todo árbol en que hay fruto y que da semilla; os serán para comer».[4]

Dios hace que el mundo sea un buen lugar y luego encarga a los seres humanos que lo hagan aún *mejor*. Antes de la

---

2 Génesis 1:10 (NVI).

3 Génesis 1:31.

4 Génesis 2:9.

Caída, antes que entrara en el mundo rastro de pecado y quebranto, Dios concede a la humanidad una razón general para estar aquí —una tarea a realizar, una misión que cumplir.

En Génesis 1:27 (NVI), Dios crea al hombre y la mujer a su imagen y les manda fructificar, multiplicarse, llenar la tierra y gobernarla. En Génesis 2:15, vemos que el Señor Dios tomó al hombre y «lo puso en el jardín del Edén para que lo labrara y lo guardase». Adán y Eva tenían que trabajar en el jardín y hacer que fuera aún más fructífero.

Dios quiso que Adán y Eva mejoraran las cosas buenas que Él les había concedido. Debían usar su ingenio y su esfuerzo para desarrollar cada aspecto de la vida y mejorar su función. Algunos teólogos llaman a este primer mandamiento mandato de la creación o mandato cultural, mientras que otros lo denominan comisión cultural para vincularlo con la Gran Comisión. Hemos sido llamados a crear cultura —lenguaje, comida, estado, escuelas, sistemas— todo lo que constituye las sociedades y comunidades en que vivimos.

En Génesis 3 Adán y Eva desobedecen a Dios y permiten que el pecado entre en el mundo. Aunque el pecado es una fuerza destructiva que afecta a todo, no cambia la voluntad de Dios de prosperidad y bondad para este mundo. Dios no resuelve, ni siquiera en ese momento, que la bondad y la prosperidad solo se apliquen al ámbito espiritual.

No, permanece comprometido con su creación y con las personas que ha puesto aquí. Dios no creó un mundo y una vida en Génesis 1 y 2 para cambiar de idea cuando el pecado lo empañó todo en Génesis 3. Dios no cambió de propósito para la humanidad. No dejó de preocuparse profundamente de todas las dimensiones de la vida humana, tanto en la tierra como por la eternidad.

Dios responde en el Antiguo y el Nuevo Testamento llamando a su pueblo a volver a la prosperidad y la bondad que Él había diseñado para esta vida. En Jeremías 31, Dios promete a Israel una restauración y sanidad terrenal y tangible, no puramente espiritual. Él promete a su pueblo que plantarán viñedos y disfrutarán de su fruto. Se regocijarán con la abundancia de grano, vino y aceite, rebaños y manadas.

Vemos este deseo plenamente expresado por Jesús cuando sana al enfermo, al cojo, alimenta a 5.000, ayuda a los pescadores a pescar, da vista al ciego, restaura al marginado, e incluso convierte el agua en vino en una boda.

Colosenses 1 nos asegura que Cristo murió para reconciliar todas las cosas en los cielos y en la tierra. «Todas las cosas» no solo incluye las almas humanas, sino también el mundo físico. Dios desea renovar toda la creación. N. T. Wright afirma que[5] por eso es tan importante la resurrección misma de Jesús en un nuevo cuerpo. Dios se preocupa de la tierra, los cuerpos físicos y la vida cotidiana. Nos hizo a su imagen para hacer otro tanto.

Esta concepción de Génesis 1 y 2 es importante porque da a nuestra vida dirección y propósito. La Caída de la humanidad y sus efectos son muy reales. El mundo está roto; la vida es realmente difícil. Pero la realidad superior es que Dios nos hizo, como también a toda la creación, para prosperar, y nos concedió el privilegio y la responsabilidad de trabajar en esa dirección… aun después de la Caída.

En contra de este gran propósito se levantan las cosmovisiones adversas del materialismo y las que conducen al fatalismo.

El materialismo afirma que podemos cambiar las cosas, pero lo único que tenemos son «cosas»:

---

5 N. T. Wright, *Sorprendidos por la Esperanza: Repensando el Cielo, la Resurrección y la Vida Eterna*. (Miami, Convivium Press, 2011).

- Este mundo es lo único que existe.
- No existe Dios Creador, ni relación con Él.
- No hay más días que los que vivimos en esta vida.
- No hay propósito más allá del sentido que damos o derivamos de nuestras cosas o de la vida misma.

El fatalismo afirma que, en el fondo, no podemos hacer nada para cambiar esta vida y cambiar el mundo a mejor. Los que están atrapados bajo religiones animistas sostienen que los dioses de este mundo controlan y conforman los acontecimientos de la vida. Otros creen que los actos y acontecimientos están determinados por un sino o albur impersonal o destino providencial.

Un hombre ruandés con una grave afección ocular visitó el oftalmólogo. Éste le indicó un tratamiento y el ojo empezó a sanar. Pero a mitad del tratamiento, antes que el ojo hubiera completamente sanado, el hombre regresó a su aldea. ¿Por qué? Dijo que necesitaba un brujo para afrontar la maldición que había causado la enfermedad.

Chris Ampadu de Ghana, un maestro que enseña en iglesias de África occidental, dice que esta clase de fatalismo limita el desarrollo de África. Asegura que procede de una cosmovisión animista que induce a la gente a creer que no tienen control real sobre sus vidas.[6]

En cierto sentido, la escatología de la dispensación, surgida de una visión incompleta de la fe cristiana, estimuló la mentalidad fatalista en las iglesias occidentales.

Según la teología de la dispensación el «nuevo cielo y la nueva tierra» son lugares completamente separados de este mundo, que será en última instancia condenado. Desde esta perspectiva yo entendía que Dios solo se preocupa del alma

---

6 N. T. Wright, *Sorprendidos por la Esperanza: Repensando el Cielo, la Resurrección y la Vida Eterna.* (Miami, Convivium Press, 2011).

de la humanidad… y que la razón principal por la que Jesús restauró todas las cosas y sanó a la gente fue para mostrar el amor de Dios y probar que Él es Dios para que creyeran en Él. Análogamente, nosotros hemos de manifestar el amor de Dios para que otros respondan al mensaje de salvación y vayan al cielo cuando mueran.

No obstante, Isaías 66:22 refleja la esperanza de los judíos: Dios vendría un día y renovaría los cielos y la tierra. Apocalipsis 21 anuncia que el nuevo cielo llegará cuando Cristo regrese a morar con nosotros, y el cielo y la tierra serán uno. La nueva tierra será esta tierra renovada. El mundo será «conmovido» y «quemado», y por tanto, purificado de pecado y de injusticia, pero no será completamente destruido.

Aunque la Caída de la humanidad y sus efectos en Génesis 3 son devastadoramente reales, resulta claro en el resto de la Escritura que la intención divina para la creación en Génesis 1 y 2 es inmutable y hace referencia al aquí y ahora. Él desea bien/prosperidad para la humanidad y para la creación y nos ha asignado la responsabilidad y el privilegio de llevar esto a cabo.

Todo esto puede sonar abstracto y académico, pero un verdadero entendimiento de esta perspectiva bíblica acarrea implicaciones para nuestra manera de vivir. Algunos cristianos en un Sudán del Sur, desgarrado por la guerra, lo expresan así:

Adili: «Aún tenemos esperanza, por muy oscura que parezca la situación».

Joseph: «A nosotros nos corresponde cuidar toda la creación».

Jok: «Yo pensaba que Sudán del Sur era maldito, pero he cambiado de parecer. Dios ha bendecido y bendecirá el Sudán del Sur».

Dios desea prosperidad para todas las personas y toda la creación, como cuando la creó, a pesar del quebranto de la humanidad caída. Saber que hemos sido creados para prosperar nos da propósito, visión y motivación para la vida diaria.

Preguntas de aplicación

Génesis 1 y 2 revelan que Dios creó un mundo muy bueno. Creó el mundo y las personas para que florecieran o experimentaran *Shalom*. No obstante, por causa de la Caída y el pecado vivimos en un mundo azotado por el sufrimiento, el mal y la muerte. La vida es difícil. He aquí tres maneras en que responde la gente a las dificultades e incertidumbre de la vida.

Fatalismo / resignación
Escape / evasión
Superación / oposición

1. ¿En su opinión, qué respuesta o respuestas quiere Jesús que demos? ¿Por qué lo cree?

2

Creados para conocer a Dios

Las vidas, familias, empresas y comunidades prósperas no caen del cielo. No surgen de la suerte, de una geografía afortunada o del acceso a los recursos naturales.

Al igual que un árbol requiere ciertos elementos para crecer y desarrollarse, hay ciertos principios que afianzan la prosperidad humana. Como Creador de todas las cosas, Dios sabe cuáles son esos principios. Él los estableció en la creación y sabe exactamente cómo funciona mejor y se desarrolla cada área de la vida.

La capacidad para florecer comienza con el conocimiento de Aquel que nos diseñó para prosperar y es de hecho la fuente de toda prosperidad. Este es nuestro punto de partida. «En el principio, Dios…».

¿Quién es el Dios que creó el escenario en el que cada uno vive y muere? ¿Cómo es Él? ¿Cómo es su carácter? ¿Qué somos nosotros en relación con Él? ¿Por qué nos puso aquí y nos hizo como somos? Estas son las primeras preguntas que todas las religiones y filosofías tratan de responder, desde el ateísmo al taoísmo.

La Biblia dice: «En el principio creó Dios los cielos y la tierra». Dios creó todo. Él da la vida y lo sostiene todo.

Vivimos bajo el cuidado y la autoridad del Dios Creador. ¿Por qué entonces hay en el mundo tanto pecado y tristeza? Respuesta: Nos hemos rebelado contra Dios y su designio. Romanos 1 revela que una persona o sociedad que niega esta realidad primera escoge una senda de engaño, quebranto y disipación crecientes.

El principal relato de la creación hoy en Occidente es que la vida comenzó enteramente por sí sola a partir de materia inerte a través de mutaciones al azar y de selección natural. No obstante, a medida que los científicos descubren cada vez más acerca de la materia viva, esta teoría es cada vez menos convincente.[1]

En Génesis 1 y 2, Adán y Eva no tenían tal confusión. Conocían directamente a Dios como Creador del mundo que disfrutaban. Le conocían como Ser que les había formado y dado vida, como origen y sustentador de toda vida, y como sabiduría y poder detrás de todo lo que ellos experimentaban.

En Hechos 14:15, Pablo insta a la ciudad de Listra a renunciar a cosas vanas y conocer al Dios viviente: «Nosotros también somos hombres semejantes a vosotros, que os anunciamos que de estas vanidades os convirtáis al Dios vivo, que hizo el cielo y la tierra, el mar, y todo lo que en ellos hay». Y ¿quién es este Dios viviente?

La primera oración que aprendí de niño comenzaba con las palabras: «Dios es *grande*, Dios es *bueno*». La primera canción bíblica que recuerdo fue: «Jesús me ama».

Parece sencillo, pero si tuviéramos que resumir el *conocimiento de Dios* en tres ideas, creo que la grandeza, la bondad y el amor de Dios servirían bastante bien ya desde la infancia.

---

1 «Intelligent Design FAQs & Primers», http://www.ideacenter.org/resources/faq.php.

Dios es *grande*. Es el mayor en sabiduría, conocimiento, poder y autoridad. Todo lo demás que consideramos grande y poderoso no es más que un parpadeo en comparación. Vivimos toda nuestra vida delante de un Dios grande.

Dios es bueno. Todo lo que es y todo lo que hace expresa su gran bondad. Aun su ira, su enojo y su juicio del pecado brotan, en definitiva, de su bondad. Todo lo bueno procede de Dios. La hermosura, dondequiera que se encuentre, despliega su bondad. Si algo es auténticamente bueno, su origen es Dios. Vivimos nuestra vida delante de la faz de un Dios bueno.

Dios es amor. La voluntad de Dios para las personas y para su creación es siempre y únicamente el bien. Esto es el amor.

Dios es absolutamente singular en su grandeza, amor, y bondad —Dios es santo.

He dicho tres cosas pero añadiré una cuarta. Y es que Dios es un misterio. A menudo consideramos las tres características anteriores y decimos, como Job y sus amigos, que si Dios es grande y si es bueno y si es amor, entonces... Él debería hacer______. Pero hay cuestiones acerca de Dios que no podemos responder. Me viene a la memoria Deuteronomio 29:29, que dice: «Las cosas secretas pertenecen a Jehová nuestro Dios; mas las reveladas son para nosotros y para nuestros hijos para siempre, para que cumplamos todas las palabras de esta ley». Debido a nuestra finitud, Dios es un misterio —hay cosas de Él y de sus caminos que nunca entenderemos—. Pero Dios es también cognoscible. En toda su creación podemos admirar su naturaleza, su bondad y su amor. Dios se revela a nosotros y desea relacionarse con nosotros, pero siempre estará más allá de nuestra plena comprensión.

Este es el Dios que podemos conocer —verdadera, pero no exhaustivamente—.[2] Adán y Eva caminaron con Dios, exentos de vergüenza y de timidez. Escogidos por Él para gobernar sobre toda la creación, sabían que habían sido por Él bendecidos. Sabían a quién pertenecían y cuál era su papel. El efecto fue libertad y autonomía, seguridad y confianza, asombro y gratitud —en una palabra, florecimiento, prosperidad.

En una conferencia pronunciada en 1645, John Winthrop, gobernador de Massachusetts, declaró: «La libertad es el objeto y fin adecuado de la autoridad y no puede subsistir sin ella».[3] Nuestra inclinación natural es el deseo de vivir sin autoridad, pero la realidad es que la necesitamos. Las sociedades necesitan la autoridad de las normas y las leyes. Los estudiantes necesitan la autoridad de los profesores. Los trabajadores necesitan supervisores. Los equipos necesitan líderes. Los patronos necesitan juntas o directorios. Los países necesitan constituciones. Aun los reyes reciben derecho a reinar de un poder superior o de la voluntad de Dios. John Winthrop tenía razón. Todos necesitamos autoridad, y la libertad y la bondad que deseamos no pueden subsistir sin ella.

La Biblia afirma que hay una autoridad cósmica suprema y que esta autoridad es buena.

En contraposición a esto, el Salmo 14:1 afirma: «Dice el necio en su corazón: "No hay Dios". Se han corrompido, hacen obras abominables; no hay quien haga el bien».

El plan de Dios para el desarrollo y el florecimiento humano empieza en conocer al divino autor de todo. Somos creados para conocer al Dios que creó los cielos y la tierra —para conocerle como Creador y Rey, Padre y Amigo.

---

2 R. C. Sproul, «Divine Incomprehensibility» (Ligonier Ministries), http://www.ligonier.org/learn/articles/divine-incomprehensibility/.

3 John Winthrop, "On Liberty" (1645), http://www.constitution.org/bcp/winthlib.htm.

Dios es el gran diseñador y planificador genial de toda vida, y gobierna sobre ellas con perfecta bondad.

Es evidente que en Génesis 3 fallamos en conocer a este Dios como debíamos. Mediante la cruz de Cristo somos salvos para conocerle de nuevo y ocupar un lugar seguro como hijas e hijos.

Preguntas de aplicación

Toda religión y filosofía comienza por responder a la pregunta acerca de Dios. Esta cuestión plantea qué es, a fin de cuentas, lo que explica todo. Si uno se equivoca en esto, se equivoca en todo.

El panteísta dirá que la explicación última de todo es el espíritu universal omnipresente. Todo es, en definitiva, espiritual o parte de la mente universal. Todo es dios. La naturaleza es dios. Todos somos dios. El animista dirá que lo que explica en última instancia la vida sobre la tierra es el mundo espiritual. Hay espíritus que están presentes y actúan en la naturaleza, las cosas y la gente, que influyen en la vida diaria. El ateo dirá que la respuesta es lo «material». Todo lo que vemos y experimentamos tiene una causa material. El musulmán dirá que la explicación última es Alá y que nos corresponde vivir en sumisión. La Biblia afirma que la explicación fidedigna es el Dios Creador, de Génesis 1 —soberano, todopoderoso, sabio, omnisciente, personal, amoroso, Dios trino.

1. El Dios de la Biblia desea que le conozcamos, le reconozcamos y le honremos. (Deut. 4:39; Jer. 9:3, 9:6; 1 Rey. 8:33; 2 Cró. 6:24, 26; Prov. 3:6; Dan. 11:39) ¿Por qué desea Dios que le conozcamos?

2. Aunque algunas personas no creen ni siguen al Dios de la Biblia, adoptan la concepción bíblica de cómo debemos vernos a nosotros mismos y relacionarnos unos con otros y con la creación y viven en consonancia. A menudo, sus vidas transcurren razonablemente bien aun cuando no creen ni confiesan seguir a Dios. ¿Qué le dice esto acerca del designio divino en relación a cómo debemos vivir? ¿Qué le dice esto acerca del poder de la verdad?

3

Creados a imagen de Dios

En el último capítulo, consideramos el hecho maravilloso de que las personas son creadas para conocer a Dios. Pero ¿cómo es siquiera posible que seres caídos y finitos conozcan a un Dios infinito e infinitamente bueno que crea y sustenta todas las cosas? En el Antiguo Testamento, Job, lamentándose de su situación, dio voz al vacio natural que solemos sentir de nuestro Creador: «¿Por qué escondes tu rostro, y me cuentas por tu enemigo?» (Job 13:24).

No obstante, la misma Biblia que da cuenta del esfuerzo que hacen algunos seguidores de Dios por entender a su Creador, también revela el anhelo divino de andar con nosotros y enseñarnos sus caminos. ¿Qué hace posible esta relación? La respuesta se encuentra en el primer capítulo de la Biblia: «Y creó Dios al hombre a su imagen, a imagen de Dios lo creó; varón y hembra los creó» (Gén. 1:27).

Este versículo proporciona la base de la dignidad intrínseca e igual valor de todas las personas. Todos nosotros —varones y hembras, jóvenes y ancianos, físicamente capaces y discapacitados, genios y discapacitados mentales, con talentos intelectuales o prácticos— somos creados a imagen de Dios. Sin excepción. Por eso podemos relacionarnos con Él. Por eso también tenemos el potencial de florecer y prosperar como Él desea.

Las implicaciones de esta verdad son múltiples y profundas. Sin esta visión exaltada de la humanidad no tenemos base alguna para creer en la dignidad intrínseca e igual valor de todos los seres humanos. Este fundamento de la dignidad humana no se encuentra en ninguna otra religión ni filosofía. Si no hemos sido todos creados a imagen de Dios, hombres y mujeres, carecemos de argumentos sostenibles para defender la dignidad humana.

Por ejemplo, William Sumner, ex sacerdote episcopal que abandonó su fe en Cristo, declaró: «Un hombre no tiene más derecho a la vida que una serpiente cascabel; no tiene más derecho a la libertad que una bestia salvaje; su derecho a la búsqueda de la felicidad no es más que una concesión para mantener la lucha por la existencia».[1]

Ni siquiera la Declaración Universal de los Derechos Humanos, ratificada por las Naciones Unidas en 1948, proporciona una base firme para la dignidad y la equidad humanas. Se basó en última instancia en la opinión de hombres y mujeres y fue ratificada por muchas (pero no todas) las naciones. Debemos recordar que las opiniones humanas y los votos de las naciones pueden cambiar… y suelen hacerlo.

Por el contrario, la Biblia, la Palabra inmutable de Dios, nos informa que todas las personas son creadas a imagen de Dios, a *imago Dei*. De modo que solo la Biblia proporciona el único fundamento para creer en la dignidad humana intrínseca y en los derechos humanos universales.

Negar esta verdad, que somos creados a imagen de Dios, es la principal causa de miseria y pobreza sobre el planeta. Sin esta verdad, tenemos innumerables formas de

---

1 William Graham Sumner and Albert Galloway Keller, Earth-hunger and Other Essays (New Haven, Conn.: Yale University Press, 1913), 234.

perjuicio e injusticia todos los días en todos los pueblos y países:

- Esclavitud
- Infanticidio/aborto
- Genocidio
- Abuso conyugal
- Abuso sexual
- Abuso infantil
- Racismo
- Tribalismo
- Discriminación
- Narcisismo
- Odio a sí mismo

A diferencia de todo esto, La Biblia enseña que toda persona es portadora por igual de la imagen de Dios. Ningún ser humano es creado «inferior» en semejanza a Dios.

Es cierto que diferimos unos de otros de muchas maneras. En edad, sexo, raza, altura, peso, nacionalidad, fuerza física, grupo tribal, educación, capacidad mental, estatus, riqueza, religión —la lista podría alargarse indefinidamente—. Pero por haber sido creados a imagen y semejanza de Dios, todos nosotros, desde la concepción hasta la muerte, compartimos la misma dignidad y valor intrínsecos a los ojos de Dios.

Los relatos sobre la creación importan. Un líder de iglesia de otro país me contó que el relato creacional de su tribu relegó realmente a una tribu vecina a la categoría de infrahumana. Reconoció que este mito había sido una de las raíces más profundas de enemistad permanente entre las dos tribus.

Cuando entró el pecado en el mundo, lo distorsionó todo —especialmente nuestra comprensión de nosotros mismos creados a imagen de Dios—. Adán echa de inmediato la culpa a Eva por su desobediencia. Nace la enemistad entre ellos. Caín se vuelve envidioso, se enfada con Abel y le mata. Todos los males antes mencionados comenzaron.

En los días de Jesús había todo tipo de divisiones entre grupos que proclamaban su superioridad sobre otros. Los romanos sobre los que no lo eran, los judíos sobre los gentiles, los hombres sobre las mujeres, los libres sobre los esclavos, los adultos sobre los niños, los sanos sobre los enfermos y los ricos sobre los pobres.

Pero Jesús veía a cada persona como portadora de la plena imagen de Dios y trataba a todos como correspondía a su dignidad y su valor. Dio la bienvenida a los niños. Incluyó mujeres en su grupo de amigos íntimos. Tocó leprosos gravemente deformados. Cenó con recaudadores de impuestos corruptos e incluso visitó sus hogares. En una historia sobre la buena vecindad, transformó a un samaritano detestado en buen prójimo.

Jesús no miró a la gente como superior o inferior. Vio gentes de todas formas, tamaños y posición social como portadores de imagen, iguales en dignidad y valor intrínseco. También les consideró iguales en su condición caída. Juan 2:24 afirma que Jesús no se fiaba de la gente porque conocía la naturaleza humana. Parte de nuestra homogeneidad es que todos estamos privados de la gloria de Dios —del designio divino—. Como manifestó perfectamente Aleksandr Solzhenitsyn: «La línea que separa el bien del mal no transcurre entre estados ni clases ni tampoco partidos políticos —sino a través de cada corazón humano».[2]

---

2 Aleksandr Solzhenitsyn, *The Gulag Archipelago Abridged: An Experiment in Literary Investigation* (New York: Harper Perennial Modern Classics, 2007), 312. *El Archipiélago de Gulag* (Tusquets Editores, 2005).

¡Quiénes somos nosotros para juzgar a otros como superiores o inferiores, cuando no lo hace el Dios del universo! Con todo, en nuestra arrogancia e ignorancia, hacemos esto de manera bastante natural. Todos asignamos superioridad o inferioridad respecto a nosotros mismos y a otros. Esto es trágico.

Conocí hace poco a un hombre cuyo hijo de veintisiete años padecía autismo severo. El hijo solo podía gemir y rechinar —no podía hablar—. Nunca irá a la escuela ni conseguirá un trabajo. Con todo, su padre no le ve como víctima ni como persona inútil. Le ve como un portador de imagen, con valor infinito a los ojos de Dios… y con profundo propósito. La comprensión paternal de esta verdad sobre su hijo ha producido un inesperado y hermoso grado de madurez que humilla a la persona más orgullosa.

Cuando usted mira a alguien ¿qué es lo primero que ve? ¿Clase social, apariencia, educación, riqueza, religión o posición? Sobre esta base, ¿percibe a esa persona como inferior o superior a usted? ¿O la percibe inmediatamente como portadora de la imagen de Dios, igual en dignidad y valor a usted y a los demás? ¿Ve que esa persona es amada por Dios?

Otra realidad importante es que cada persona es maravillosamente singular. En el planeta tierra viven hoy más de 7.600 millones de personas y ninguna de ellas es igual. Yo soy gemelo y sin embargo mi hermano y yo somos bastante distintos. Él sabe cómo diseñar y construir plataformas de perforación petrolíferas. Yo pienso en los problemas que ocasionan distintas visiones del mundo. A él le gusta cantar. A mí me gusta leer. Él tiene una estatura de 1,78 y yo de 1,80.

Dios hizo a cada persona que habita este planeta especial en muchos aspectos. El Salmo 139:13–16 asevera: «Porque tú formaste mis entrañas; tú me hiciste en el vientre de mi madre. Te alabaré; porque formidables, maravillosas son tus obras; estoy maravillado, y mi alma lo sabe muy bien. No fue encubierto de ti mi cuerpo, bien que en oculto fui formado, y entretejido en lo más profundo de la tierra. Mi embrión vieron tus ojos, y en tu libro estaban escritas todas aquellas cosas que fueron luego formadas, sin faltar una de ellas».

No hay tal cosa como una «persona común». Todas son extraordinarias. Cada uno de nosotros es original. Toda persona es singular.

¿Por qué es esta verdad fundamental para el florecimiento de un individuo, comunidad o nación?

Santo Tomás de Aquino (1225–1274) creía que Dios había creado a cada persona singularmente excepcional para reflejarle de una manera que ninguno otro puede. Escribió: «Haría falta un número infinito de seres humanos para reflejar las infinitas facetas de Dios. Cada persona solo refleja una pequeña parte —aunque hermosa— del todo».[3]

Nuestra singularidad sugiere que cada uno de nosotros tiene que desempeñar un papel especial sobre la tierra. Ninguna otra persona ocupa tu tiempo y lugar específico en la historia de la humanidad. Ninguna otra tiene tus relaciones específicas, tu personalidad, experiencias y mezcla de capacidades. Su función y su lugar son vitales. Nadie puede reemplazarla y ocupar su lugar en el plan de Dios para el mundo y las gentes que en él habitan.

La riqueza de una comunidad es la suma del valor de todos sus ciudadanos. La nación de Singapur entiende esto mejor que muchas. Aunque pequeño en extensión, es el país

3 Novak, Michael, Three in One: Essays on Democratic Capitalism, 1976-2000 (Lanham, Maryland: Rowman & Littlefield, 2001), 247.

más densamente poblado del mundo, y pese a contar con escasos recursos naturales —debe importar el agua potable de Malasia—, en 2012 fue el tercer país más próspero del mundo per cápita. ¿Cómo puede ser?

La sociedad de Singapur valora el potencial de todos sus ciudadanos, no solo el de unos pocos selectos. Por tanto, el sistema educativo de Singapur es uno de los mejores del mundo. El país espera que todos desarrollen su más pleno potencial y contribuyan para beneficio de todos. Nadie queda excluido.

O considere Corea del Sur. A mediados de la década de los «50», más de la mitad de la población vivía en la más absoluta pobreza. Pero a mediados de los «90», el nivel de pobreza había descendido a solo el 3,4 por ciento. El celo de Corea del Sur por el desarrollo de su pueblo a través de la educación y la instrucción es legendario. Un asombroso 97 por ciento de sus jóvenes obtienen diplomas de educación secundaria, y un 65 por ciento diplomas superiores.

El recurso más valioso de un país no es su ubicación geográfica, su petróleo, su tierra ni tampoco su historia. El recurso más valioso de un país es sus gentes. Una comunidad o nación que desea desarrollarse bien creará un entorno y una expectativa que estimule y apoye a cada ciudadano a desarrollarse y dar de sí su máximo potencial.

Lucas 2:52 dice que Jesús «crecía en sabiduría y en estatura, y en gracia para con Dios y los hombres». Este crecimiento viene de dentro. Otros no pueden hacer que «crezcamos». Podrán ayudarnos en el proceso, pero Dios nos ha llamado a madurar, administrar la vida que nos ha dado y dedicarla al bien.

La parábola de los talentos que refiere Jesús en Mateo 25:14–30 deja claro este punto. Un hombre muy rico se dispone a hacer un largo viaje. Llama a sus tres siervos y les dice que les deja a cargo de su hacienda y luego la divide y la distribuye entre ellos.

Al primer siervo entrega cinco talentos. Al segundo, dos. Y al tercero, uno. El primero toma los cinco talentos y gana otros cinco. El segundo también invierte sabiamente sus dos talentos y gana otros dos. Pero el tercero toma su único talento y lo entierra.

Cuando regresa, el amo se muestra muy satisfecho cuando los dos primeros siervos le dicen que han doblado su capital, y les concede aún más. Pero manifiesta su desagrado con el tercero, quien temeroso, entierra el dinero por seguridad. El amo toma entonces su talento y lo entrega al que tiene diez.

Aquí hay varias lecciones para nosotros. En primer lugar, como en la vida real, no se garantiza nada. Invertir es arriesgarse. Pero los mayordomos fieles invierten lo que se les ha confiado, obtienen buen rendimiento y son recompensados.

En segundo lugar, el amo concede a cada mayordomo una cantidad distinta para invertir, pero espera de ellos que la inviertan bien. En nuestra vida, todos tenemos distintas capacidades y recursos, pero Dios nos hace igualmente responsables de invertir bien lo que hemos recibido.

En tercer lugar, la parábola nos recuerda que somos mayordomos. Un mayordomo es el que administra con «máximo aprovechamiento» la propiedad y los recursos que el dueño le ha confiado.

Como Creador, Dios es dueño de todo y nos confía sus posesiones a nosotros. Todos hemos recibido de Dios una vida, una mente, capacidades y recursos. Nosotros hemos de desarrollar esos dones y «aprovecharlos al máximo» para reflejar a Aquel cuya imagen somos portadores, para cumplir su propósito en este mundo. Debemos animarnos y ayudarnos unos a otros a hacer lo mismo.

Mi amiga Geeta, residente en Nueva Delhi, entiende la perspectiva de la mayordomía. Ella fundó y dirige un plan educativo para niños con problemas de aprendizaje. La idea que prevalece en su comunidad es que dichos niños cosechan el karma de su vida pasada y no deben recibir ayuda.

No obstante, Geeta considera que cada persona se ve afectada de una manera o de otra por la Caída de la humanidad. También, esos niños, creados a imagen de Dios, le reflejan en el mundo de una manera especial y prestan una contribución singular a la humanidad. La vida de esos niños es muy distinta como consecuencia de su visión y su perseverancia.

Dios creó toda vida humana a su imagen, de modo que somos especiales. Cada vida humana tiene igual valor y dignidad a los ojos de Dios y es reflejo singular de Él. Todos hemos sido creados para reflejar a Dios ante la creación. Cada uno tiene un papel que desempeñar, un don que ofrecer y una contribución que hacer en la tierra. Como ha dicho John Adams: «Tu honor radica en hacer bien tu parte».[4]

Comprender bien esta verdad vital y hacerla realidad es el camino a la prosperidad para una persona, comunidad o nación.

Comienza con el desarrollo y la mayordomía de lo que cada persona ha recibido de Dios: su cuerpo, mente, imaginación, capacidades y oportunidades.

> «Y Jesús crecía en sabiduría y en estatura, y en gracia para con Dios y los hombres».
>
> – Lucas 2:52

4 David McCullough, John Adams (Simon & Schuster, 2002), 171.

Preguntas de aplicación

Esta sección trata de lo que significa en el fondo ser humano. Trata de cómo nos vemos a nosotros mismos, a los demás, y cómo influye esto en nuestra manera de vivir.

Dwight defiende que el punto de partida para acabar con la pobreza es ayudar a las personas a abrazar esta verdad: que han sido singularmente creadas a imagen de Dios, y recibido vida y capacidades que Él les ha concedido para cultivarlas y aplicarlas, por su propio bien, el beneficio de otros y el del mundo.

1. ¿Qué sucedería en su comunidad si cada miembro de la misma abrazara esta verdad y la pusiera por obra?

2. ¿Qué expresa la verdad de que «todas las personas somos creadas a imagen de Dios» por ejemplo los mendigos u otros? ¿Qué nos dice acerca de cómo debemos relacionarnos con ellos?

3. ¿Qué comunica esta verdad al estudiante o profesional que se esfuerza por obtener un grado superior? ¿Qué le dice acerca de cómo debe relacionarse con ellos?

4. ¿Cómo está invirtiendo su vida y las capacidades que Dios le ha dado por el bien de los demás? ¿Qué hizo ayer al respecto?

5. ¿Qué comunica esta verdad a la persona discapacitada? (Todos hemos sido afectados por la Caída y

somos de algún modo «discapacitados»). ¿Significa esto que es bueno ser discapacitado? ¿Por qué sí o por qué no?

6. La Caída y el pecado hacen extremadamente difícil, si no imposible, conformarse al designio de Dios como portadores de su imagen. ¿De qué maneras ha fallado usted? ¿Cómo necesita que Dios le ayude en este sentido?

4

Creados para crear

Vemos que en el primer capítulo de la Biblia Dios crea el universo y la humanidad. Crear es trascender lo que existe. Dios imagina lo que debe ser y lo crea. Crea al hombre y la mujer a su imagen e inmediatamente les manda continuar la obra que Él ha comenzado.

«Entonces dijo Dios: Hagamos al hombre a nuestra imagen, conforme a nuestra semejanza; y señoree en los peces del mar, en las aves de los cielos, en las bestias, en toda la tierra, y en todo animal que se arrastra sobre la tierra... Y los bendijo Dios, y les dijo: Fructificad y multiplicaos; llenad la tierra, y sojuzgadla, y señoread en los peces del mar, en las aves de los cielos, y en todas las bestias que se mueven sobre la tierra» (Gén. 1:26, 28; énfasis añadido). La versión NVI dice: «Hagamos al ser humano a nuestra imagen y semejanza. Que tenga dominio sobre...» (énfasis añadido).

Y Génesis 2:15 sigue diciendo: «Tomó, pues, Jehová Dios al hombre, y lo puso en el huerto de Edén, para que lo labrara [lo cultivara/lo adornase] y lo guardase [lo cuidara, lo administrara, lo mantuviera]» (énfasis añadido).

El primer mandato bíblico no fue los Diez Mandamientos, el Gran Mandamiento ni la Gran Comisión. Fue el de trabajar, cultivar, dominar la tierra. Mi colega Darrow Miller dice que Dios creó un mundo perfecto, pero no acabado. Él encomendó la tarea de completarlo a los que creó a su semejanza —los portadores de su imagen.

Dios crea y gobierna. Debido a que hemos sido creados a su imagen, hemos de crear y gobernar. Hemos de ejercer dominio sobre la creación y sobre la vida. Esto es lo que significa ser humano. El Salmo 8:5–8 (NVI) afirma: «Le has hecho poco menor que los ángeles, y lo coronaste de gloria y de honra. Le hiciste señorear sobre las obras de tus manos; todo lo pusiste debajo de sus pies: Ovejas y bueyes, todo ello, y asimismo las bestias del campo, las aves de los cielos y los peces del mar; todo cuanto pasa por los senderos del mar».

Ninguna otra religión ni cosmovisión ofrece tan alto concepto de los seres humanos.

Los teólogos suelen afirmar que este primer mandato es un mandato cultural. Hemos de tomar lo que Dios ha provisto y crear —crear todo lo que constituye nuestra vida sobre la tierra, es decir, crear cultura.

En suma, hemos de tomar lo que Dios nos ha dado y hacer algo con ello. Hemos de hacer que el mundo sea un mejor lugar.

Nancy Pearcey, en su libro *Verdad Total*, explica por qué se denomina el mandato cultural.

> La primera frase «creced y multiplicaos», significa desarrollar el mundo social: fundar familias, iglesias, escuelas, ciudades, estados, leyes. La segunda frase «llenad la tierra y sometedla», significa aprovechar el mundo natural: plantar, cultivar, construir puentes, diseñar computadoras y componer música. Este pasaje se denomina a veces Mandato Cultural porque recuerda

> el propósito original de crear culturas, erigir civilizaciones.[1]

Una de las grandes mentiras que circulan por el mundo es que el trabajo es una maldición. En consecuencia, la persona verdaderamente afortunada es la que no tiene que trabajar. Pero en toda la Escritura resulta claro que Dios también trabaja (Gén. 1:1, 31; Juan 5:17). También vemos que antes que el pecado y el sufrimiento entraran en el mundo, Dios creó el trabajo y nos dio trabajo que hacer. El trabajo encomendado por Dios no es una maldición. Conlleva dignidad y propósito divino.

El mandato de someter la tierra —hacer del mundo un mejor lugar, hacer que la vida funcione bien— es universal y trasciende la cultura. Se aplica a todos, en todo tiempo y lugar. Se aplica a los ricos, los pobres, los débiles, los fuertes, los jóvenes y los ancianos. Abarca todos los aspectos de la vida: agricultura, contabilidad, desarrollo de software, estado, educación, matrimonio, familia, cocina e incluso ocio o entretenimiento. Hemos de tomar lo que Dios nos ha dado y crear cosas buenas en todas estas esferas.

Dios no solo nos mandó gobernar y crear, nos diseñó para poder hacerlo. Él ha puesto en cada uno de nosotros aprecio por la belleza y el orden y un deseo de crear. Dé a un niño papel y lápiz e inmediatamente empezará a dibujar algo. Cuando vemos una habitación vacía nos imaginamos una manera de adornarla: una silla ahí, un cuadro acá, una lámpara más allá. Cuando vemos una palabra mal escrita o un error en una suma tratamos de corregirlo. Limpiamos. Vemos una mancha en una camisa y le aplicamos jabón y

---

1 Nancy Pearcey, *Verdad total: Libera el cristianismo de su cautiverio cultural* (Editorial JUCUM, 2008), 49

agua para quitarla. Vemos pelusa en el abrigo y la cepillamos. Tratamos continuamente de mejorar y añadir eficiencia.

Hemos sido creados por Dios para crear —mejorar, arreglar, sanar, organizar, restaurar, añadir, embellecer— para mejorar la vida y el mundo.

Todo esto parece obvio y natural, pero ¿lo reconocemos como el propósito fundamental que Dios nos encomendó al ponernos sobre la tierra? ¿Vemos que esta es una tarea sagrada? ¿La estamos haciendo bien? ¿Estamos tomando todo lo que Dios nos confió, creando cosas buenas y hermosas —para otros, para nuestras familias y para nosotros mismos?

Adán no malgastó el tiempo, sino que se puso a trabajar. En Génesis 2:19–20 asume la tarea de nombrar a todos los animales. ¡No fue una tarea pequeña si tenemos en cuenta que estaba comenzando a desarrollar el lenguaje y que había miles de animales sin nombre!

En Apocalipsis 21 tenemos un ejemplo del efecto causado por el mandato de crear. Génesis 2 menciona materias primas como oro, bedelio y ónice, y en Apocalipsis 21 vemos estos mismos materiales refinados e incorporados a los cimientos y los muros de la nueva Jerusalén. Alguien extrajo estos minerales y los usó como materiales de construcción. Me parece fascinante.

Todos tenemos recursos

Una de las mentiras satánicas más grandes consiste en convencernos de que no tenemos recursos. Solemos sentir que tenemos muy poco con qué trabajar en comparación con otros. Pero independientemente de lo mucho o poco que tengamos, como mayordomos fieles somos llamados a reconocer, desarrollar y aplicar los recursos que Dios nos ha dado.

Incluso la persona más pobre sobre la tierra tiene el mayor recurso posible —una mente e imaginación humana—. Casi todo lo que uno tiene y disfruta en la vida es resultado del uso y desarrollo de su mente. Dios pone petróleo en el subsuelo, pero la imaginación humana crea el plástico y las prótesis de caderas, etc. A partir del oro negro. Dios pone arena en la playa, pero la mente humana la convierte en chips de silicona para fabricar computadoras y teléfonos inteligentes. Dios hace crecer el trigo, pero la mente humana creativa fabrica los croissants.

William Kamkwamba, de 14 años, vivía sumido en la pobreza en un pueblo de Malawi. Durante una grave hambruna, William tuvo que abandonar la escuela, pero no dejó de aprender.[2] Consultó varios libros sobre electricidad en la biblioteca de la localidad, y, valiéndose de materiales de desecho, construyó en su casa un molino generador de electricidad. Cuando otros se enteraron de su logro, pronunció una charla TED (sobre Tecnología, Entretenimiento y Diseño), y finalmente se le concedió una beca para estudiar ingeniería en una universidad sudafricana.[3]

Desde el hijo del granjero más pobre a la hija del banquero más rico, todos tenemos el increíble recurso de la mente y el corazón para usarlos bien. El reto consiste en usar estos dones.

La Caída no cambió nuestra tarea

Como dije antes, la Caída de la humanidad no anuló el mandato divino de llenar y someter la tierra. El pecado hizo que el cumplimiento de esta tarea resultara mucho

2 William Kamkwamba and Bryan Mealer, *The Boy Who Harnessed the Wind* (New York: Harper Collins, 2010). *El niño que domo el viento* (B de Blok, Ediciones B 2018).

3 Vee https://www.ted.com/participate/organize-a-local-tedx-event/tedx-organizerguide/speakers-program/what-is-a-tedx-talk.

más difícil, pero Dios aún desea que tomemos lo que pone a nuestra disposición y hagamos del mundo un lugar mejor.

¿Qué aspecto ofrece la obediencia a este mandamiento en un mundo caído? Pues que mi amigo lleva una contabilidad veraz y precisa para sus clientes. Que la mamá en la Uganda rural invierte sus escasos ahorros en comprar una mosquitera para proteger la cuna de su hijo. Que el alcalde y gestor de la ciudad toma decisiones correctas para mejorar la función y la habitabilidad de nuestra ciudad. Que el investigador científico que asiste a nuestra iglesia se esfuerza por descubrir la cura contra el cáncer. Que mi vecino decora el árbol de navidad con hermosas luces. Que el encargado de mantenimiento de nuestro bloque de viviendas arregla y restaura todo lo que se rompe.

Muchos cristianos no aciertan a ver este tipo de trabajo como especialmente «cristiano». Pero al procurar el bien a este mundo y bendecir a otros, cierran filas con el plan divino. La prosperidad de una persona y de una nación depende de cuán bien trabaja la gente y crea cosas buenas —de lo bien que cumplen el primer mandamiento.

Mi colega Scott Allen lo resume de esta manera:

> La gente no es fundamentalmente consumidora, sino creadora de recursos. Dios ha bendecido a todos los seres humanos con talentos, dones y capacidades. Él espera de nosotros que los usemos para extender el jardín, para dejar este mundo magnífico mejor de lo que lo encontramos. Más productivo, más próspero. El teólogo James Smith lo expresa de la siguiente manera: «Cuando Dios llamó la creación a la existencia, exclamó que era muy buena. No anunció que estuviera concluida. La creación no entra en la existencia ya

> acabada, con escuelas, granjas y museos de arte. Todas estas cosas reclaman ser descubiertas. Las riquezas y el potencial de la creación de Dios fueron confiados a los portadores de su imagen. Ese es nuestro llamado y nuestra comisión».[4] El mandato cultural es su descripción de trabajo. Nunca ha sido derogado. Hemos de usar nuestras manos, mente, talentos y recursos, para mejorar este mundo. Por eso estamos aquí. Ese es nuestro propósito en la vida.[5]

Hemos sido creados para crear. La obra creativa de Dios en Génesis 1 y 2 fue perfecta, pero no completa. Él delegó la culminación de la tarea a todas las personas. Dios nos mandó gobernar el mundo, crear sociedad y cultura, y propiciar el pleno florecimiento de la vida como Él la diseñó. En suma, mejorar la vida. En Génesis 3 esta tarea se distorsionó y se complicó muchísimo por causa del pecado. Pero Dios nos salva a través de Cristo para volver a realizar esta tarea —en la que cada uno desempeña un papel singular.

Preguntas de aplicación

1. Esta sección atiende al plan de Dios por lo que respecta a nuestra relación con el resto de la creación. En Génesis 1, Dios crea a la humanidad —varón y hembra— y les da la responsabilidadde *gobernar o ejercer dominio* sobre la tierra. Hay personas hoy que oyen la palabra *dominio* y la consideran en sentido negativo.

---

4 James K. A. Smith, *Letters for a Young Calvinist: An Invitation to the Reformed Tradition* (Grand Rapids: Brazos Press, 2010), 109.

5 Scott Allen, «Lección 6: La Gran Comisión y la Comisión Cultural» (2015), www.coramdeo.com

a. ¿Por qué señorear o ejercer dominio es un mandato positivo y no negativo?

b. ¿Ponga un ejemplo positivo de alguien que ejerce dominio sobre alguien o sobre algo?

2. Un ingeniero cristiano de Nigeria define la esencia del mandato de ejercer dominio de esta manera: *yo fui puesto aquí para resolver problemas*. Otros lo denominan *mandato cultural*, dando a entender que hemos de tomar lo que Dios ha creado y aprovecharlo para enriquecer la vida —hemos de crear cultura—. Algunos lo llaman *mandato de la creación*, queriendo significar que Dios creó un mundo perfecto y luego nos encomendó la tarea de completarlo creando cosas a partir de lo que Él había creado. El autor titula esta sección *Creados para crear* y resume este mandato diciendo que *somos puestos aquí* por Dios para trabajar a fin de hacer un mundo mejor. ¿Cómo explicaría usted este primer mandamiento a otras personas y cómo se aplicaría a ellas?

3. El mandato de Dios de ejercer dominio puede comenzar con algo tan sencillo como hacer la cama por la mañana. ¿Qué función le corresponde para cumplir el mandato divino de señorear sobre la tierra?

a. ¿Qué va usted a mantener o crear hoy?

b. ¿Qué va a subsanar, arreglar o mejorar?

c. ¿Qué daño o mal va a impedir o combatir?

4. El mandato de Dios de relacionarnos con el resto de la creación nos fue dado antes de la Caída.

   a. ¿Cómo dificultó la Caída que usted ejerciera el dominio que Dios quiso que ejerciese?

   b. ¿Qué ayuda necesita usted de Dios?

5

Creados para beneficiarnos unos a otros

El plan divino para el florecimiento humano se encuentra en sus mandamientos. Los Diez Mandamientos[1] nos proporcionan una serie de principios inspirados por Dios para vivir una vida buena y crear una comunidad y nación que funcionen bien. Los cinco libros de Moisés añaden centenares de mandamientos a la lista. En el Nuevo Testamento, Jesús los reduce al Gran Mandamiento: Amar a Dios y amar al prójimo.

Mateo 22:36–40 declara: «"Maestro, ¿cuál es el gran mandamiento en la ley?" Jesús le dijo: "Amarás al Señor tu Dios con todo tu corazón, y con toda tu alma, y con toda tu mente. Este es el primero y grande mandamiento. Y el segundo es semejante: Amarás a tu prójimo como a ti mismo. De estos dos mandamientos depende toda la ley y los profetas"».

El apóstol Pablo recoge este principio en Gálatas 5:14, donde dice: «Porque toda la ley en esta sola palabra se cumple: "Amarás a tu prójimo como a ti mismo"»; y en Romanos 13:8 y 10 declara: «el que ama al prójimo, ha cumplido la ley», y «El amor no hace mal al prójimo; así que el cumplimiento de la ley es el amor».

---

1 Éxodo 20:1–1

Bob Moffitt alude a este gran mandamiento como el «mínimo irreducible» de los requerimientos de Dios.[2] Es la síntesis de todas las virtudes. La prosperidad humana depende del amor al prójimo.

¿Qué significa amar al prójimo?

Normalmente asociamos el amor con alguna sensación de afecto o sentimiento por otra persona. O clasificamos el «amar al prójimo» como actos concretos de amabilidad... como desviarnos de nuestro camino para hacer algo especialmente amable por otros. Aunque estas ideas no están mal en sí mismas, el concepto es mucho más amplio.

En términos muy sencillos, amar al prójimo es resolver hacer el máximo bien por otra persona. *Bene facere* en latín significa «hacer bien a alguien», de ahí las palabras «beneficio, beneficiar». Amar al prójimo es beneficiarle. Por ejemplo, los fontaneros aman a su prójimo ofreciendo un servicio fiable de agua potable y sanitaria para el hogar. Puede que no vean al dueño, pero la calidad de su trabajo contribuye al bien de una familia. A su vez, el dueño ama al fontanero satisfaciéndole su salario completo a tiempo para que éste pueda alimentar y proveer para su familia.

Aunque este tipo de cosas se asemeja a una transacción comercial, en el fondo es un intercambio de beneficio y de bien que refleja el designio de Dios para el florecimiento humano. Realmente Dios ordenó el mundo para que funcionara de esta manera.

Los equipos deportivos muy exitosos comprenden este principio. Saben que tienen que servir y optimizar las funciones y capacidades de cada miembro del grupo por el bien común. Es decir, deben amarse unos a otros. Hace poco oí hablar a un entrenador que fue entrevistado

2 Bob Moffitt, «El minimo irreducible». Lección 9 Coram Deo

después de ganar un campeonato nacional. Cuando le preguntaron qué dijo a su equipo antes del gran partido, contestó: «Solo les dije que salieran a la cancha y se amaran unos a otros».

Vemos en acción el principio de amarse (beneficiarse) unos a otros en Génesis 2:18: «No es bueno que el hombre esté solo; le haré ayuda idónea para él».

La palabra hebrea para ayuda idónea que aquí se usa es ezer.[3] El rey David usó esta palabra cuando dijo «Dios es mi ayudador» (ezer). El ezer es el que proporciona la ayuda o capacidad de que otro carece. Eva proporcionó lo que le faltaba a Adán, y viceversa. Adán y Eva fueron creados para amarse, para hacerse bien, para beneficiarse mutuamente.

Todos carecemos de algo. Nos necesitamos unos a otros para sobrevivir y para desarrollarnos. Ninguno prosperaría si viviera aislado en una isla. ¿Qué clase de vida tendríamos sin granjeros, constructores, electricistas, médicos, enfermeras, carteros, maestros y cocineros? Considere cuántas personas le han servido durante el día. Puede que al principio solo se acuerde de las más obvias, como el joven que le sirve el café en la cafetería, o el barrendero que recoge la basura en su calle, Pero no hay que olvidarse de la mujer que hizo la silla en la que se sienta ni del hombre que cosechó el algodón para fabricar la tela de la camisa que lleva puesta.

Aunque las economías y las sociedades son complejas, a nivel básico están compuestas de personas que hacen buenas cosas que nos benefician a todos. Cuando se quebranta este principio, se ven naciones, comunidades y familias menoscabadas. Se ve pobreza.

---

3 Strong's Concordance with Hebrew and Greek Lexicon, http://biblehub.com/greek/2222.htm Strong, J. Nueva Concordancia Strong Exhaustiva de la Biblia (Grupo Nelson 2002)

Una causa común de fracaso social es el pensamiento de suma cero, es decir, considerar que la vida y los recursos son como una tarta o pastel. Si alguien recibe más, otro debe recibir menos. Si una persona gana, otra debe perder. Pero el diseño divino del mundo no es una suma cero, sino que la prosperidad nace del trabajo, la creación y la vida que beneficia y hace el bien a otros.

Las personas y las comunidades florecen cuando las personas viven para beneficiarse unas a otras. Este principio de «amar al prójimo» afianza y fortalece el matrimonio, la familia, la empresa y el Estado. Cuando falla, las instituciones fallan.

¿Qué es el bien?

Si amar al prójimo es procurar hacerle el máximo bien, la pregunta más importante que debemos hacernos es ¿Qué es el bien? La respuesta que demos a esta pregunta es fundamental para el florecimiento de las personas y las naciones. La sociedad moderna afirma que la gente decide por sí misma lo que está bien, con la única restricción de que su decisión no perjudique a otras personas. Este enfoque no sirve porque la perspectiva que tiene una persona del bien choca invariablemente con la de otra. Como la verdad, el bien no puede ser relativo.

En su libro *After Virtue* (Después de la virtud), el filósofo Alasdair MacIntyre argumenta que uno no puede discernir si algo es bueno o malo a menos que conozca el propósito para el que fue diseñado, es decir, su telos.[4] Y pone el reloj como ejemplo.

Si uno golpea un clavo con un reloj y éste se rompe, ello no quiere decir que el reloj sea malo, ni que martillear un

4 Alasdair MacIntyre, *After Virtue: A Study in Moral Theory*, Third Edition (South Bend, University of Notre Dame Press, 2007). *Tras la virtud* (Critíca 2001).

clavo sea malo. Lo que significa es que no es bueno usar un reloj para martillear un clavo. Esto se debe a que el reloj no fue diseñado para martillear clavos sino para dar la hora. Para saber si algo es bueno o malo uno debe saber el propósito (telos) para el que fue diseñado. Lo mismo es aplicable a los seres humanos y su conducta.

Así pues, ¿quién define el telos de algo, ya sea un reloj, un martillo o un ser humano? La respuesta es obvia. El creador de un reloj o de un martillo define su finalidad. Del mismo modo, Dios define el telos de los seres humanos y cómo somos diseñados para vivir y funcionar mejor. Todo lo que concuerde con este propósito y diseño, y lo respalde, lo llamamos propiamente «bueno» (moral). Decimos propiamente que todo lo que sea incongruente o contrario a este propósito «no es bueno» (inmoral). Para saber qué es bueno para algo o para alguien tenemos que conocer su propósito y su diseño.

El profeta Isaías escribió sobre la importancia de discernir lo bueno correctamente: «!Ay de los que a lo malo dicen bueno, y a lo bueno malo; que hacen de la luz tinieblas, y de las tinieblas luz; que ponen lo amargo por dulce, y lo dulce por amargo!».[5] De igual manera, Jesús advirtió: «Tus ojos son la lámpara de tu cuerpo. Si tu visión es clara, todo tu ser disfrutará de la luz; pero, si está nublada, todo tu ser estará en la oscuridad».[6] Y el profeta Amós escribió: «Ustedes tuercen la justicia y la convierten en trago amargo para el oprimido. Tratan al justo como basura».[7]

La prosperidad humana depende de que la gente ame bien a su prójimo. Amar bien radica en saber qué es bueno.

5 Isaías 5:20.

6 Lucas 11:34 (NVI).

7 Amós 5:7 (NTV)

Conocer y hacer lo bueno para la gente requiere conocer el propósito por el cual ella ha sido diseñada y creada.

¿Destaca su comunidad o nación por la mentalidad de la gente de conocer y hacer lo que es bueno para los otros? ¿Sabe usted lo que es realmente bueno y mejor para los otros? ¿Tiene el coraje de buscar esto, aunque los otros no definan lo bueno del mismo modo?

Si es así, anda por la senda que conduce a la prosperidad.

Las personas y las comunidades florecen cuando la gente vive para beneficiarse unos a otros. Génesis 1 indica que fuimos diseñados para vivir de esta manera. Esta vocación fue distorsionada y arruinada por el pecado. Pero Jesús murió para restaurarla, para darnos sabiduría y poder por su Espíritu para amar plenamente como Dios desea.

Preguntas de aplicación

1. Esta sección se ocupa del plan fundamental de Dios para relacionarnos unos con otros. El designio divino se resume en que *debemos amarnos unos a otros.* «Porque toda la ley en esta sola palabra se cumple: "Amarás a tu prójimo como a ti mismo"» (Gál. 5:4). El título de esta sección cambia *amar a otros* por *beneficiarles.* Con esto tratamos de prestar atención a la palabra que indica la más alta forma de *amor,* como se expresa en la Septuaginta y el Nuevo Testamento. Esta es la palabra greco-cristiana ἀγάπη (agapē). Agapē designa «caridad, que es la más alta expresión de amor». No debe confundirse con el afecto intenso, con un sentimiento de ternura, o con el romanticismo. Agapē es el amor incondicional que trasciende y persiste a pesar de

circunstancias adversas. Tomás de Aquino dijo que la caridades «desear el bien de otro», que en latín se indica con el término *bene facere*, *«hacer el bien a alguien»*, de donde proviene la palabra *beneficio*. Amarse mutuamente es hacerse el máximo bien. Este es, en definitiva, el plan de Dios de cómo debemos relacionarnos unos con otros. ¿Cómo difiere el significado actual de la palabra *amor* de la definición de Tomás de Aquino —desear el bien de otro?

2. Si amar a otros significa hacerles bien, entonces necesitamos saber qué es realmente el bien. ¿Puede poner un ejemplo en el ámbito moral de disensión entre las personas acerca del bien? ¿Por qué cree usted que discrepan?

3. La Biblia define el bien. También podemos determinar el bien atendiendo a la ley natural o al designio y propósito natural de algo. Ponga un ejemplo de esto.

4. ¿Por qué la ley natural es también ley de Dios?

5. ¿Cómo puede una apelación a la ley natural definir que el bien sea el mejor argumento para algunas personas, que decirles simplemente que *la Biblia lo afirma*?

6. ¿Cree usted que los cristianos tienen reputación de buscar siempre el máximo bien para los demás? ¿Se nos conoce por procurar el florecimiento de otros? Si no, ¿por qué no?

7. El buen deseo de Dios de relacionarnos correctamente unos con otros nos fue dado por Dios antes de la Caída. La Caída hizo que llevar a cabo este plan resultara extremadamente difícil. ¿Qué ayuda necesita de Dios para amar o «hacer bien» a otros como Él desea?

6

Creados para descansar

En mis años de servicio para ayudar a comunidades y sus miembros, nunca di demasiada importancia al principio del descanso. Me parecía obvio que todos necesitan hacer una pausa de vez en cuando. Donde quiera que viajaba y trabajaba, la gente siempre se tomaba al menos un día libre de su labor regular semanal. Lo que no entendía es la diferencia entre el descanso reparador y el mero descanso que hace un alto en el camino. No establecí la importante relación entre el descanso, el juego y el esparcimiento. La diferencia que hay entre prosperar o sobrevivir.

Las Escrituras y la vida misma nos enseñan que el descanso es un elemento importante para florecer y prosperar. Para funcionar bien, todo necesita descansar. Dios lo sabía, por eso mandó: «Y acabó Dios en el día séptimo la obra que hizo; y reposó el día séptimo de toda la obra que hizo. Y bendijo Dios al día séptimo, y lo santificó, porque en él reposó de toda la obra que había hecho en la creación» (Gén. 2:2–3). « Acuérdate del día de reposo para santificarlo» (Éxo. 20:8).

Para prosperar nosotros y nuestras comunidades debemos descansar. El desafío que todos tenemos por delante es saber cuándo y cómo descansar bien.

Cuando yo tenía veinte años, viajé con un ministerio musical por un año. El domingo, «el día de descanso», no se nos permitía jugar al baloncesto ni al ping-pong. Se nos decía que el «descanso» era obligatorio. Sin embargo, nos veíamos obligados a montar el equipo de sonido y de iluminación para los conciertos de ese día. Peor aún, teníamos que vestir chaqueta y corbata, incluso en los días más cálidos. ¡Créanme, ese sistema no tenía nada que ver con un buen descanso!

¿Qué es un buen descanso?

Mark Buchanan, en su libro *The Rest of God* (El descanso de Dios), afirma que el descanso que Dios quiere para nosotros puede ser tan sencillo como detenernos e ir en dirección contraria.[1] Buchanan sugiere dos cosas que constituyen lo que él denomina regla de oro del sábado:

1. Dejar de hacer lo que es necesario.

2. Abrazar lo que vivifica.[2]

Deje de hacer lo que tiene que hacer. Deseche las «obligaciones» y abrace lo que le «gusta» hacer. Deje de trabajar, y que las cosas que ha hecho le bendigan y le sirvan.

Buchanan asegura que una buena cosa es jugar, lo que subvierte la necesidad y la utilidad. Dice que «el juego y el sábado están estrechamente relacionados, y que a veces el mejor descanso es el juego intenso».[3] En este caso, nuestro ministerio musical debería haberse desprendido de corbatas

1 Mark Buchanan, *The Rest of God: Restoring Your Soul by Restoring Sabbath* (Nashville: Thomas Nelson, 2006).

2 Ibid, 129.

3 Ibid, 142 (énfasis en el original)

y chaquetas el domingo, jugado al ping-pong y lanzado algunas canastas.

El descanso tiene que ser más que un mero escape del trabajo o abandono del entorno laboral (una vacación). El descanso no puede ser solo ausentarse del trabajo o la pausa que nos conceden después de completar una tarea. El verdadero descanso añade riqueza y energía, que se añade al saldo de la propia vida. Es como comer buena comida. Comemos por la satisfacción y el placer del momento, pero la comida también nos da fuerza y energía para las próximas horas. Lo mismo cabe decir del descanso. Debe renovarnos, restaurarnos, revitalizarnos y rejuvenecernos. Debe recrearnos, que, por cierto, es palabra emparentada con «recreo».

Este mandamiento que conduce a la prosperidad se extiende más allá del descanso personal. Incluye la tierra, las empresas, las comunidades y los países.

Si usted es dueño de una granja, ¿trata la tierra de modo que ésta se pueda renovar? Si es dueño de una empresa o gestiona una organización, ¿recuerda la necesidad de sus empleados de descanso y restauración? Si es una comunidad, ¿respalda los días y los eventos que aportan descanso y rejuvenecimiento integral? Si es una nación, ¿promulga leyes que fomentan el descanso y la renovación del pueblo y sus recursos?

Finalmente, si el juego y el sábado están entrelazados, el entretenimiento está incluido porque éste es una forma de juego y descanso. En mi país dedicamos mucho tiempo y dinero a entretenernos. El ocio o entretenimiento puede ser bueno o malo. Puede resultar útil o perjudicial. Cómo nos entretenemos puede restaurarnos como personas, familias y comunidades o puede desfigurarnos, menoscabarnos e incluso destruirnos en mente, alma y cuerpo. Elija sabiamente.

Hemos sido creados para el descanso. Para apartarnos del trabajo y, junto con la familia y los amigos, reconocer todo el bien que Dios nos ha dado y disfrutarlo. Hemos sido creados para dejar de trabajar y recordar que Dios es el supremo proveedor de todo lo que tenemos. Hemos sido creados para apartar tiempo para renovar y refrescar la mente, el alma y el cuerpo, conforme al designio de Dios.

Para desarrollarse y florecer según el plan divino, las personas, las familias, las comunidades y las naciones deben descansar, jugar y entretenerse bien.

La gloria de Dios consiste en que toda la creación funcione como Él la concibió. Los principios de esta sección constituyen una parte esencial de su designio. Son nuestra vocación. Vemos que cuantas más personas y sociedades observen estos principios, más florecerán y prosperarán.

Preguntas de aplicación

1. Esta sección examina un elemento clave del plan de Dios para nosotros que afecta a las relaciones fundamentales: el descanso. Dios es soberano supremo sobre todas las esferas de la vida y desea nuestro bienestar —nuestro *Shalom*—. ¿Cree usted esto y confía en Él lo necesario para hacer una pausa cada semana a fin de descansar y disfrutar del bien que Dios le concede?

2. El entretenimiento y el esparcimiento u ocio son una forma de descanso. También, uno de los mayores desafíos. Puede restaurarnos y renovarnos o llevarnos por la senda de la disipación y la destrucción.

   a. ¿Cómo se manifiesta esto en su comunidad?

   b. ¿Cómo se manifiesta esto en su vida?

3. Incluso Dios trabajó y descansó. Él nos mandó trabajar y descansar en el momento mismo de la creación. No fue consecuencia de la Caída. No obstante, la Caída hizo que resultara muy difícil poder descansar bien. ¿Por qué es tan difícil para usted practicar a conciencia este mandamiento?

Parte 3

El poder para florecer

Cuando Adán y Eva creyeron la mentira satánica sobre Dios, el pecado entró en el mundo y distorsionó todos los aspectos de la vida que Dios había creado. Lo cual incluye nuestra vida actual.

Considere…

- Hemos sido creados para florecer, pero en vez de seguridad, esperanza y confianza, muchos corazones y mentes están atrapados en un fatalismo que conduce a la pasividad y la dependencia. La vida es demasiado difícil. Los desafíos, demasiado grandes. No puedo cambiar. Es mi destino. No tengo recursos. Otros tienen que ayudarme. Otros tienen que cambiar. Todo depende de los dioses. Estoy atrapado. He sido objeto de maldición.
- Hemos sido creados para conocer a Dios, pero a menudo le damos un mínimo reconocimiento. Ponemos nuestra mayor confianza en nosotros, en las cosas y en las ideas. La Biblia dice que todos estos son ídolos. Ello conduce a un falso sentido de seguridad, en el mejor de los casos, y al temor y la inseguridad en el peor. Nos engañamos a nosotros mismos y vivimos sin ser conscientes de Dios y de su reinado.

- Hemos sido creados a imagen de Dios, y por tanto, somos iguales en valor y dignidad intrínseca a los ojos de Dios, pero no creemos esto a rajatabla. Nuestro gran defecto es juzgar a los demás en base a la apariencia, el sexo, la tribu, la raza, el nivel de ingresos, etc., lo que resulta en discriminación, racismo, y conflicto. Usamos los mismas lentes para juzgarnos a nosotros mismos y obtenemos una sensación de insuficiencia y vergüenza o de falso orgullo y arrogancia.
- Hemos sido creados maravillosamente únicos como portadores de imagen, pero fracasamos en valorar y gestionar plenamente nuestra propia singularidad y la de otros. No reconocemos sus talentos y capacidades. No desarrollamos la mente. Desaprovechamos la creatividad. No acertamos a pedirnos mutuamente responsabilidad para desarrollar y aplicar los recursos que Dios nos ha concedido. Dudamos en ayudar a otros a triunfar, temiendo que su ganancia sea nuestra pérdida.
- Somos creados para crear, para gobernar sobre la creación, para tomar lo que Dios nos ha dado y mejorar el mundo y la vida. En el mejor de los casos no alcanzamos este objetivo, y en el peor, contribuimos al quebrantamiento del mundo. En vez de resolver problemas, los creamos. En vez de dar más de lo que recibimos, tomamos más de lo que damos. En vez de añadir orden y hermosura, causamos desorden.
- Somos creados para amar a nuestro prójimo, para procurar hacernos el máximo bien unos a otros. Pero a menudo ponemos por delante nuestro propio bien. Peor aún, perdemos de vista lo que es realmente bueno

para otros (su designio divino), o nos falta coraje para promover lo bueno cuando encontramos resistencia.
- Somos creados para descansar de nuestra labor y disfrutar los frutos de nuestra tarea. Pero la realidad es que no sabemos cómo descansar y alegrarse de manera sana. En vez de disfrutar del descanso y el ocio que nutre y edifica el espíritu humano, escogemos lo que merma y disipa la mente, el alma y el cuerpo.

El pecado entró en el mundo que Dios creó y deformó todos los aspectos de la vida. No obstante, la voluntad de Dios para la humanidad y la creación, evidenciada en Génesis 1 y 2, no cambió. Aún somos llamados a florecer y hacer prosperar el mundo. ¿Es posible? Vemos estos principios plenamente manifestados en la vida de Jesús.

- Jesús prosperó.
- Jesús conocía a Dios, su Padre.
- Jesús trató a todas las personas como portadoras plenas de imagen, iguales en dignidad intrínseca y amadas por Él —niños y adultos, pobres y ricos, varones y mujeres, enfermos y sanos, gentiles y judíos, recaudadores de tributos y responsables de sinagoga, soldados y civiles, amos y esclavos—. Esto fue asombroso en un mundo que trazaba líneas divisorias y atribuía valor y dignidad a algunos, pero no a otros. Jesús valoró consecuentemente la singularidad de las personas y las llamó a desarrollarse y vivir de la manera en que Dios las había creado.
- Jesús se tomó en serio el mandato cultural. Reinó sobre la creación y mejoró las cosas. Hizo esto por medio de su trabajo. Como carpintero construyó

muebles y cosas.[1] Durante su ministerio itinerante de tres años calmó la tempestad, ayudó a sus discípulos a pescar, convirtió el agua en vino en una boda, dio vista a ciegos, sanó leprosos, restauró las piernas de un cojo y resucitó gente de entre los muertos.
- Jesús amó a su prójimo. Entendió el plan divino para las personas y respondió a lo que Él sabía que era su máximo bien. Vivió para beneficiar a otros hasta el final —la cruz.
- Jesús descansó. Respetó el Sábado, asistió a una boda, comió con sus discípulos, pasó tiempo solo, y apartó tiempo para rejuvenecerse.[2]

Jesús llevó a cabo cabalmente la voluntad de Dios sobre la tierra. Al hacerlo, floreció e hizo florecer como ningún otro.

Jesús nos llama a hacer otro tanto, e incluso más. «De cierto, de cierto os digo: El que en mí cree, las obras que yo hago, él las hará también; y aun mayores hará, porque yo voy al Padre».[3] Y dijo que hemos de hacer estas cosas perfectamente, «como nuestro Padre que está en los cielos es perfecto».[4]

Sin embargo, aunque sabemos lo que tenemos que hacer y queremos hacerlo, carecemos de poder y de capacidad. Nuestra situación se asemeja a la del apóstol Pablo cuando dijo: «Aunque deseo hacer lo bueno, no soy capaz de hacerlo. De hecho, no hago el bien que quiero, sino el

1 Marcos 6:3.

2 Mateo 5:17–18.

3 Juan 14:12.

4 Mateo 5:48.

mal que no quiero».[5] «¿Quién me librará de este cuerpo mortal?».[6]

Este es el gran dilema humano. El drama del mundo. Dios nos creó para cumplir un gran propósito, pero fracasamos en llevarlo a cabo. Nos creó para fructificar, en cambio, nos tambaleamos y tropezamos.

Aquí es precisamente donde el evangelio responde a todo desarrollo humano, a todo florecimiento humano. Es la verdadera respuesta porque a través de Jesucristo Dios nos ofrece el poder para vivir conforme a la manera en que nos creó —para ser los que quiso que fuéramos—. Romanos 1:16 afirma que el evangelio «es poder de Dios para salvación a todo aquel que cree».[7]

Comúnmente entendemos que el poder de Dios para salvación incluye el perdón de pecados, una relación con Dios, y la promesa de la vida eterna. Pero ¿reconocemos también que el poder de Dios para salvación abarca toda la creación y todo aspecto de la vida?

Colosenses 1:20 nos informa que Cristo murió para reconciliar consigo todas las cosas. Todo lo que está quebrado y torcido en este mundo por el pecado ha de ser reconciliado, ha de armonizar con la voluntad de Dios. Marcos 16:15 aclara que el evangelio influenciará a toda la creación. Romanos 8:21 anuncia que «la creación misma será libertada de la esclavitud de corrupción, a la libertad gloriosa de los hijos de Dios». Habacuc 2:14 declara: «Porque la tierra será llena del conocimiento de la gloria de Jehová, como las aguas cubren el mar».

---

5 Romanos 7:18–19 (NVI).

6 Romanos 7:24

7 Romanos 1:16.

Sin embargo, los efectos del pecado permanecen por ahora. La vida es difícil. Los problemas y los sufrimientos continúan en este mundo. Si Dios nos creó para florecer y hacer florecereste mundo, ¿tiene el evangelio —el poder de Dios para salvación— respuesta para esto? ¡Desde luego que sí!

En Ezequiel 36:26, Dios declara: «Os daré corazón nuevo, y pondré espíritu nuevo dentro de vosotros». El plan de Dios para florecer y prosperar en este mundo consiste literalmente en imprimir su vida eterna y su Espíritu en los seres humanos que Él creó. Si el cielo es donde Dios está presente, Cristo en usted es la morada del cielo en la tierra. Nuestras vidas se convierten en duplicados del cielo en la tierra.

La respuesta al desarrollo humano y al florecimiento de toda nación y toda persona es la plenitud del Espíritu de Dios en nosotros vivificando cada parte de nuestro ser. Es la vida de Dios, su Espíritu, lo que influye en nuestra vida cotidiana y nos da la capacidad de crear las familias, los lugares de trabajo, las comunidades y las naciones que Dios deseó desde el principio.

Después de convertirme de niño en seguidor de Cristo, tarde bastante en averiguar este asunto. Entendía que la obra del Espíritu Santo eran los dones de señales —sanidad, lenguas, profecías especiales, o experiencias especiales de sanidad interior—. También sabía que el Espíritu Santo es nuestro ayudador, pero creía que esto era como la sal y la pimienta que se echan a la comida para preservar o mejorar su sabor. Es decir, que el Espíritu era un ingrediente añadido a nuestra vida cuando creemos, para darnos seguridad de vida eterna y ayudarnos. Y aunque hay verdad en esta representación limitada, no reconocía que la entrada del Espíritu en una vida realmente se asemeja más a una completa transfusión de sangre. El Espíritu de Dios no es una mera añadidura, sino la sustancia misma y la esencia de nuestra vida.

He aquí cómo llegué a ver esto de manera diferente.

1. Entendimiento de la «vida eterna»

Uno de los primeros versículos de la Biblia que memoricé de niño fue Juan 3:16: «Porque de tal manera amó Dios al mundo, que ha dado a su Hijo unigénito, para que todo aquel que en él cree, no se pierda, mas tenga vida eterna».

La gran promesa que encierra este texto es la vida perdurable, más comúnmente traducida como vida eterna. Jesús habló a menudo de esta vida. A veces la llamó vida eterna, y otras veces simplemente vida, como en los siguientes versículos (énfasis añadido):

- Porque como el Padre levanta a los muertos, y les da vida, así también el Hijo a los que quiere da vida (Juan 5:21).
- Y no queréis venir a mí para que tengáis vida (Juan 5:40).
- Porque el pan de Dios es aquel que descendió del cielo y da vida al mundo (Juan 6:33).
- El ladrón no viene sino para hurtar y matar y destruir; yo he venido para que tengan vida, y para que la tengan en abundancia (Juan 10:10).
- Jesús le dijo: Yo soy el camino, y la verdad, y la vida; nadie viene al Padre, sino por mí (Juan 14:6).

Scofield afirma que esta vida es «eterna» porque está conectada con la vida de Dios, quien ha sido y es eternamente. Es la vida del Dios eterno revelada en Jesucristo. Esta vida de Dios la imparte el Espíritu Santo en el nuevo nacimiento. La vida impartida es «desde el principio», pero para el receptor es una «nueva vida» que hace de él o ella una «nueva creación». Es la vida de Dios en Cristo Jesús y en el creyente.[8]

Muy a menudo, cuando hablamos de tener vida eterna, pensamos en una vida con Dios en el cielo. Pero la clave de la «vida eterna» es tener ahora mismo en nosotros la vida del Dios eterno.

2. No su vida común

La palabra vida que usa Jesús en el Nuevo Testamento es la palabra griega transcrita zoe.[9] Significa más que un latir del corazón y respiración de los pulmones. Incluye:

- La absoluta plenitud de vida, esencial y ética, que pertenece a Dios, y
- La vida real y genuina: una vida activa y vigorosa.

En Juan 10:10, Jesús deja esto claro al definir esta vida abundante o vida plena, es decir, una vida floreciente.

3. Elevación vs. aleteo

En su libro *Where Eagles Soar: Venturing with God in Tough Places*, Jamie Buckingham cuenta una caminata con guía por el monte y la península del Sinaí.[10] En cierto momento se detuvieron a observar una tormenta que se acercaba y divisaron un águila, con alas extendidas, encaramándose en una potente columna de aire. La columna transporta al águila y lo alza a centenares de metros sobre la tormenta. Buckingham comenta luego Isaías 40:31 y relaciona el viento

8 Scofield Study Bible NIV, (Oxford University Press, Inc., 2004), 1674.

9 Strong's Concordance with Hebrew and Greek Lexicon, http://biblehub.com/greek/2222.htm Strong, J. Nueva Concordancia Strong Exhaustiva de la Biblia (Grupo Nelson 2002)

10 Jamie Buckingham, *Where Eagles Soar: Venturing with God in Tough Places* (Grand Rapids: Chosen Books, 1980), 13–19.

con la función del Espíritu de Dios en la vida del creyente: «Pero los que confían en el Señor renovarán sus fuerzas; volarán como las águilas: correrán y no se fatigarán, caminarán y no se cansarán» (NVI).

Esta imagen de un águila con alas inmovilizadas que se desliza por el cielo cautivó mi imaginación. Frecuentemente, la vida, incluso la vida cristiana, se parece más al colibrí al otro lado de la ventana del comedor, que tiene que agitar sus alas cincuenta veces por segundo para moverse por el patio trasero. Por el contrario, el águila bloquea sus alas y planea en el viento. ¿No es esta la voluntad de Dios para nosotros, llenarnos y transportarnos con el viento de su Espíritu por las tormentas de la vida?

Para obtener fuerza física y desarrollarnos bebemos agua y comemos pan. Esto sustenta nuestra vida física. Jesús dice que su vida es agua viva y pan vivificante que podemos pedir y recibir. Su vida entonces nos transforma y empodera la nuestra.

Pablo escribió en Efesios 5:18 (NVI): «No os emborrachéis con vino, que lleva al desenfreno. Al contrario, sed llenos del Espíritu». No debemos embriagarnos con vino porque nos afecta de manera negativa. En cambio, debemos estar llenos del Espíritu, porque nos cambia para vivir de la manera maravillosa que Dios quiso para nosotros.

4. La enseñanza ampliada de Jesús sobre la oración

Vemos otra perspectiva de la importante función que desempeña el Espíritu de Dios para el florecimiento humano en la enseñanza de Jesús a sus discípulos sobre la oración. El relato de Mateo 6:9–13 nos resulta bastante familiar a muchos, pero en Lucas 11:5-13 la misma enseñanza transmite instrucción y perspectiva adicionales:

> Les dijo también: «¿Quién de vosotros que tenga un amigo, va a él a medianoche y le dice: Amigo, préstame tres panes, porque un amigo mío ha venido a mí de viaje, y no tengo qué ponerle delante; y aquél, respondiendo desde adentro, le dice: "No me molestes; la puerta ya está cerrada, y mis niños están conmigo en cama; no puedo levantarme, y dártelos"? Os digo, que aunque no se levante a dárselos por ser su amigo, sin embargo por su importunidad se levantará y le dará todo lo que necesite.
>
> Y yo os digo: "Pedid, y se os dará; buscad, y hallaréis; llamad, y se os abrirá. Porque todo aquel que pide, recibe; y el que busca, halla; y al que llama, se le abrirá"».
>
> «¿Qué padre de vosotros, si su hijo le pide pan, le dará una piedra? ¿O si pescado, en lugar de pescado, le dará una serpiente? ¿O si le pide un huevo, le dará un escorpión?
>
> Pues si vosotros, siendo malos, sabéis dar buenas dádivas a vuestros hijos, ¿cuánto más vuestro Padre celestial dará el Espíritu Santo a los que se lo pidan?».

Jesús enseña a sus seguidores a orar por la venida de su reino y a pedir, buscar y llamar descarada e insistentemente para pedir ayuda a fin de llevar a cabo el proceso —con la confianza de que Dios es bueno y responderá en consecuencia.

Jesús resume todo esto asumiendo que sus seguidores deben pedir el Espíritu Santo. Para que el reino de Dios venga a sus vidas y al mundo, y para florecer y hacer florecer a otros como Dios desea, necesitan su vida, su poder, su sabiduría, su forma de pensar, su agua viva, su pan de vida, su aliento y su viento. Necesitan de su Espíritu.

Las Buenas Nuevas del Evangelio

Pablo lo expresa del siguiente modo en Efesios 3:15–20:

> Por esta causa doblo mis rodillas ante el Padre de nuestro Señor Jesucristo, de quien toma nombre toda familia en los cielos y en la tierra, para que os dé, conforme a las riquezas de su gloria, el ser fortalecidos con poder en el hombre interior por su Espíritu; para que habite Cristo por la fe en vuestros corazones, a fin de que, arraigados y cimentados en amor, seáis plenamente capaces de comprender con todos los santos cuál sea la anchura, la longitud, la profundidad y la altura, y de conocer el amor de Cristo, que excede a todo conocimiento, *para que seáis llenos de toda la plenitud de Dios.* Y a Aquel que es poderoso para hacer todas las cosas mucho más abundantemente de lo que pedimos o entendemos, *según el poder que actúa en nosotros…* (énfasis añadido).

El plan y el propósito de Dios a través de la Escritura son claros. Él quiere establecer una morada en nosotros, y nosotros hemos de establecer nuestra morada en Él. Su intención es poner su vida (su Espíritu) en nosotros para que nuestras vidas sean en Él. De este modo nos uniremos con Él.

El teólogo y fundador del Seminario de Teología de Westminster, John Murray, escribió que «la unión con Cristo es… la verdad central de la doctrina de la salvación… No es solo una fase de la aplicación de la redención; cubre todos los aspectos de la redención» (énfasis añadido).[1]

---

1 John Murray, *Redemption—Accomplished and Applied* (Eerdmans, 1955), 201, 205. La redención consumada y aplicada (Libros Desafío, 2007).

El teólogo Lewis Smedes dice que la unión con Cristo es «al mismo tiempo el centro y la circunferencia de la existencia humana auténtica».[2]

C.S. Lewis dijo que «solo los cristianos tienen alguna idea de cómo el alma humana puede ser asimilada por la vida de Dios y seguir siendo ellos mismos —de hecho, mucho más que antes—. El único propósito por el que vivimos es para ser subsumidos en la vida de Dios».[3]

La unión con Cristo —el Espíritu de Dios en nosotros— es la clave para desplegar el designio que Dios nos asignó en la creación para el florecimiento del mundo y de nuestra vida.

¡El Espíritu de Dios es clave para fructificar!

El evangelio empieza en Génesis 1. Comienza con la bondad de Dios en la creación y su voluntad para toda la humanidad de cultivar y disfrutar de esa bondad y vivir en relación con Él. Ésta es la vocación que Él nos asignó en la creación.

La muerte de Cristo en la cruz y su resurrección aseguran el perdón de pecados, esperanza para el cielo y una relación personal con Dios. También nos capacita para hacer realidad nuestra vocación en este mundo quebrantado y difícil. Mediante la expiación de Cristo, Dios inyecta su vida —el Espíritu de Cristo— en nosotros, nos concede su deseo, sabiduría y poder para vivir como Él nos diseñó. ¡Estas son buenas nuevas!

Así es como el evangelio guarda relación con el desarrollo y la prosperidad. Este es el plan divino para cada persona, comunidad y nación.

Dios le ha puesto en la tierra, en este momento histórico particular, para florecer y hacer florecer este mundo.

---

2 Lewis Smedes, *Union with Christ*, (Eerdmans, 1983), xii.

3 C.S. Lewis, *Mere Christianity* (MacMillan, 1952) 127, 128. Mero cristianismo, (RIALP, Madrid, 2014),

No es fácil, pero es siempre posible por medio del Espíritu de Cristo en nosotros.

¿Ha confiado usted en Cristo y en la completa satisfacción de su pecado? ¿Le pide y confía en Él para que le llene de su Espíritu cada día, le revele su Palabra y le dé la capacidad de vivir como Él quiso que viviera? Si no es así, ¿por qué no empezar ahora mismo?

El mundo está esperando.
Bendito el hombre que confía en el Señor
y pone su confianza en él.
Será como un árbol plantado junto al agua,
que extiende sus raíces hacia la corriente;
no teme que llegue el calor,
y sus hojas están siempre verdes.
En época de sequía no se angustia,
y nunca deja de dar fruto».
—Jeremías 17:7–8, NVI

Preguntas de aplicación

1. En el Nuevo Testamento aparece la expresión *vida eterna*, que interpretamos correctamente como vivir para siempre o alcanzar una vida perdurable. No obstante, su sentido más amplio no es el espacio de tiempo, sino la naturaleza y la sustancia de esta clase de vida. Recibimos la vida de Dios —el Dios que existe desde la eternidad pasada a la eternidad futura—. A través de Cristo, Dios nos da *su vida*, y con ella el poder de vivir en la tierra como fuimos creados. ¿Cómo cree usted que entiende la mayoría de la gente la vida eterna?

2. La Parte 2 de este libro considera el plan divino respecto a cómo debe vivir la humanidad. Se centra en la esencia de la voluntad de Dios para las relaciones básicas en torno a las que gira la vida de toda persona: Su relación con Dios; consigo misma y con otros; y con el resto de la creación. Jesús fue la primera y única persona que ha vivido cabalmente el plan de Dios en todos los aspectos.

¿Qué significa ser como Cristo?

a. ¿Significa ser pastor o misionero?

b. ¿Significa simplemente reflejar el carácter de Cristo? (honestidad, constancia, fe, esperanza, valentía, entrega a la oración, etc.).

c. ¿O es vivir plenamente el plan de Dios para su vida singular en cada ámbito de las relaciones fundamentales? Si es así, ¿cómo está haciendo las cosas?

3. Las cosas necesitan una fuente de energía adecuada para funcionar según fueron diseñadas. Las plantas necesitan luz. Las cafeteras necesitan electricidad. Los cortacéspedes necesitan gasolina. Los barcos de vela necesitan viento. Para que los seres humanos funcionen como fueron diseñados, ¿qué fuente especial de energía necesitamos?

4. El punto principal de esta sección es que para florecer según la voluntad de Dios como personas, comunidades y naciones tenemos que vivir con arreglo al plan que Él diseñó para nosotros. Tenemos que vivir como Dios desea que sea nuestra relación con Él, con nosotros mismos, con los otros y con el resto de la creación. Pero para poder cumplir esto cabalmente necesitamos la vida de Dios. Necesitamos su Espíritu. ¿Cómo encaja esto con su idea de la función y el propósito del Espíritu Santo?

5. ¿Por qué fue necesaria la muerte de Jesús en la cruz para que nosotros recibiéramos su vida y el Espíritu de Dios?

6. ¿Por qué son éstas buenas noticias para usted y para sus vecinos?

Epílogo

Por Luis Sena Carrasco

¿Sobre qué fundamentos se asienta una sociedad o nación libre, justa y próspera?

El siguiente tema se ha transcrito de una entrevista concedida por Luis Sena acerca de los fundamentos que sustentan una sociedad libre, justa y próspera, aplicables al contexto y la cultura latinoamericanos. El tema de la entrevista se podría parafrasear usando términos del texto *Creados para florecer*, es decir: ¿Sobre qué bases se pueden edificar sociedades florecientes en Latinoamérica?

O, por decirlo de otra manera, ¿sobre qué fundamentos se asienta una nación cuya sociedad es libre, justa y próspera? ¿Qué bases sustentan la idiosincrasia o la mentalidad de la gente? ¿Cómo se puede conseguir esa clase de sociedad?

Hay profesionales de distintos campos, especialmente el político, que constantemente, nos ofrecen ideas y sueños que supuestamente van a transformar nuestros países, cambiar patrones negativos, eliminar o reducir la pobreza y conducir a la nación a la prosperidad.

Por el contrario, solemos comprobar que el desarrollo de nuestros países es bastante exiguo. Para responder a esta cuestión hemos de examinar lo que enseña la Biblia acerca de los seres humanos: «Porque cual es su pensamiento en su corazón, tal es el...» (Pro. 23:7). Es decir, las ideas que abrazamos como verdades en el corazón definen nuestro carácter. Por tanto, la idiosincrasia, *ethos* o mentalidad básica de una nación depende, en primer lugar, de su fe, de sus creencias, esto es, del carácter del dios al que adora y rinde culto, aunque sea de manera inconsciente.

El culto que un pueblo rinde a su dios constituye la base de su cultura (culto y cultura proceden de la misma raíz). La cultura se manifiesta en todos los aspectos de la vida, es la base que sustenta las instituciones que conforman la sociedad y define el estilo de vida del ciudadano común y corriente de un país. Al final, nos convertimos en lo que adoramos. Por todo ello, Dwight nos aclara —en *Creados para florecer*— que nuestra capacidad para prosperar (en el sentido bíblico) comienza por conocer a Aquél que nos creó y diseñó, quien también es la fuente del verdadero florecimiento humano. Este debe ser nuestro punto de partida: «En el principio Dios….».[1] El conocimiento de nuestro Dios y Creador conduce necesariamente a adorarle de corazón.

Para explorar el potencial de desarrollo —y las barreras que lo impiden— de una nación, es preciso analizar su cultura, especialmente la base de las ideas y las creencias que constituyen los supuestos en los que ella se fundamenta, es decir, su cosmovisión. En el cuerpo o conjunto básico de ideas con que una cultura explica el mundo que la envuelve, se descubre el carácter del dios o dioses que adora. Cultura y culto guardan estrecha relación.

Pero la cosmovisión bíblica explica el plan de Dios y sus buenos deseos para el mundo y los seres humanos. Esto significa que los países que han alcanzado mayores niveles de justicia, libertad y prosperidad (que han florecido) deben su progreso a cosmovisiones más cercanas al cristianismo bíblico que las de otros países.

1 *Creados para florecer*, p. 23

Esto es así porque hay una relación entre el plan de Dios para este mundo, la realidad de la vida, y el florecimiento de una nación. Para entender la realidad que nos rodea es preciso tener en cuenta al Dios trinitario de la Biblia. Desde este punto de partida podemos percibir cómo es realmente el mundo que nos rodea. Desde cualquier otro punto de vista se obtiene una percepción irreal. El Señor Jesucristo, segunda Persona de la Trinidad, es la máxima revelación de Dios al ser humano, Dios manifestado en naturaleza humana. Cristo es la representación del Dios trino para comunicarse con nosotros y reconciliarnos con Él. Podríamos decir que Él es la interfaz de comunicación de datos entre los seres humanos y el Dios trino. Por tanto, Jesucristo es el punto de partida para conocer el propósito y el plan divino para el florecimiento de una sociedad. Cuanto más cerca de Jesucristo (de su Palabra) está la cosmovisión de un pueblo, más real, más prosperará y se desarrollará esa nación. Cuanto más lejos de los mandatos de Jesucristo se halle una cultura, menor nivel de desarrollo integral y de florecimiento alcanzará.

¿Qué significa que una cultura está cerca o lejos de Cristo? Jesucristo es el Señor del universo. Él gobierna tanto en el orden natural de la creación como en el de su redención/salvación. Su dominio y autoridad se extienden a todo lo creado, sea espiritual, social o físico-natural. Todas las cosas fueron creadas por medio de Él y para El. Todas las cosas en Él subsisten y en Él tienen coherencia (Col. 1:17). Esto quiere decir que en su Persona y sus palabras se esconden todos los secretos para prosperar en la vida presente y en la venidera. Cristo dijo «...yo he venido para que tengan vida y para que la tengan en abundancia (Juan 10:10b). Él conoce perfectamente los secretos del buen funcionamiento de la familia, el matrimonio, el gobierno civil, la economía, el arte, la belleza, esto es, la totalidad de la vida. Él mismo es la clave. Cuánto más cerca vivamos de Él, de sus principios y sus verdades, más nos centraremos en su cosmovisión, seremos más veraces y mejor armonizaremos con la estructura del universo. Lo cual no quiere decir necesariamente que todos los países que hoy disfrutan de un alto nivel de prosperidad y justicia social adoren al Dios verdadero, pero su desarrollo histórico fue saturado, fecundado, por el evangelio de Jesucristo.

El mayor nivel de desarrollo humano lo han alcanzado algunos países del norte de Europa y América del Norte. Los países orientales que en nuestros días experimentan un alto nivel de prosperidad material y cierto nivel de libertad política, los alcanzaron imitando el modelo occidental, no surgieron de sus propias raíces culturales. Con esto quiero decir que hay una relación directa entre el florecimiento de una nación y la alineación de su cultura con los principios que conforman la cosmovisión bíblica.

Esto queda patente en el libro *Los dones de los judíos,* de Thomas Cahill, donde se pone de manifiesto que la visión del mundo surgida del pueblo judío y de la Biblia, ha impactado al mundo de manera muy profunda y positiva. Por lo tanto, conviene acudir a las Escrituras en busca de los planos correctos para cimentar y edificar bien las naciones. La cosmovisión del Reino de Dios se refleja en las Escrituras. La imagen de desarrollo y prosperidad de las naciones se proyecta desde el Antiguo Testamento en el designio divino para su pueblo Israel. A la luz de la Biblia, el bienestar de los seres humanos es integral. No es puramente material, espiritual, o social. Es integral. Creo que el diagrama que muestra Dwight en la página 21 de este libro nos presenta claramente esta verdad.

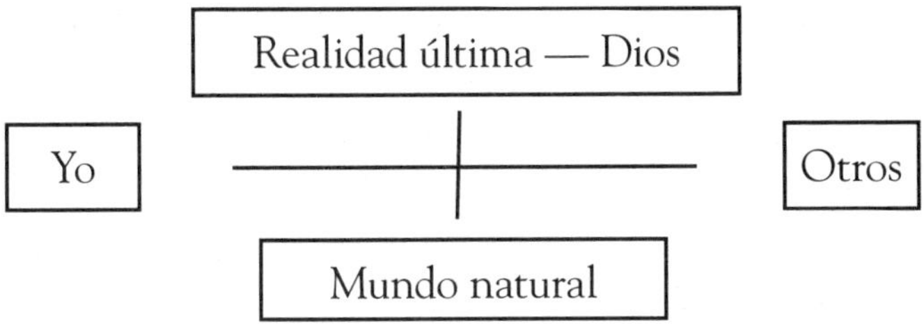

Relaciones básicas de la vida

Este diagrama nos aclara que la relación más importante de la vida es la relación con Dios (con la Persona que es la realidad verdadera). También nos muestra otras relaciones clave: con nuestro propio ser (identidad, estructura emocional y mental y capacidad de auto-gobierno), con las demás personas (a través de nuestras relaciones sociales: matrimonio, familia, comunidad) y con el entorno natural (medio ambiente, objetos de nuestro trabajo y vocación, las artes, la economía, el entretenimiento, etc.). Nuestro bienestar requiere armonía en todas las relaciones establecidas en la creación. También, por medio de estas relaciones entendemos el sufrimiento, lo que está bien y lo que está mal y nuestro propósito en la vida.

Dios escogió al pueblo de Israel, hizo un pacto con él para que fuera su pueblo escogido entre todas las naciones del mundo antiguo y los bendijo de manera integral para que comunicaran su bendición a todas las naciones del mundo. Como occidentales y posmodernos, tenemos que corregir nuestra idea de bienestar, prosperidad y desarrollo. Estamos inmersos, sometidos a la fuerte influencia del pensamiento materialista-naturalista de la modernidad. El bienestar humano genuino es integral, se compone de bienestar físico, social y espiritual. Esta idea emerge de manera magistral en el significado del concepto hebreo de *Shalom*. Concepto que Dwight desarrolla admirablemente en *Creados para florecer*.

El desarrollo, pues, no consiste exclusivamente en el bienestar material y económico. Lo material (la salud y el bienestar material) está incluido en el bienestar integral, pero abarca mucho más. Tal como la creación es un todo integrado, así el bienestar humano genuino y sostenible es también integral, es decir, incluye las dimensiones social y espiritual, y las relaciones creacionales antes mencionadas. En todo caso, lo material es el último eslabón en la escala del bienestar. De hecho, la persona que carece de una buena relación con Dios, consigo misma, y con las demás, y lo único que tiene es dinero, es una persona menesterosa. Un pobre que lo único que tiene es dinero es pobre porque tiene muy poco *Shalom* (bienestar integral).

Cuando hablamos de prosperidad verdadera, de justicia y de libertad hemos de manejar conceptos bíblicos, no mundanos. El mundo define su sentido de bienestar por el índice de desarrollo humano. Pero la idea divina de bienestar humano es integral, tiene que ver con *Shalom* (la paz). ¿Qué ha acontecido históricamente a las naciones que se han beneficiado del conocimiento del propósito redentor de Dios a través del evangelio, directa o indirectamente? A partir de la transformación interna de algunos de sus ciudadanos se han producido cambios positivos en casi todas sus instituciones y hábitos culturales. En el día de hoy, la mayoría de esos países, debido al proceso de secularización de la modernidad, no atribuyen su bienestar a la observancia de los principios del reino de Dios, pero esto es únicamente un prejuicio, una pose para ocultar con injusticia laad.

Como ejemplo de países que se han desarrollado a partir de la cosmovisión cristiana podríamos citar a Suiza, Alemania, Holanda, Inglaterra (después de la Reforma protestante del siglo XVI), y posteriormente, los Estados Unidos. Para mí, el ejemplo más preclaro de estospaíses sería los Estados Unidos de América. Desde luego, no existe una nación perfecta en este mundo caído. Tampoco podemos asignar el desarrollo de la nación estadounidense a la presente generación de ciudadanos del país, sino a sus fundadores y a las generaciones posteriores. Dios lleva a cabo su plan en la historia a través de generaciones de familias y comunidades.

Los primeros pobladores de las colonias inglesas en Norteamérica llegaron a sus costas tras una cadena de acontecimientos históricos provocados por convicciones personales relacionadas con el cristianismo de la Reforma protestante, sobre todo de la corriente proveniente de Ginebra influida por las enseñanzas de Calvino. Esa corriente reformada se extendió desde Suiza a Alemania, Holanda, Escocia, Inglaterra, y posteriormente, Norteamérica, gracias al movimiento piadoso de los puritanos ingleses. Ése es el origen del alto nivel de bienestar de la nación norteamericana. Conviene recalcar que los primeros habitantes de los Estados Unidos, también llamados peregrinos, fueron inmigrantes materialmente pobres.

Los colonos, dueños de los contratos emitidos por la corona británica para llevar a cabo la colonización norteamericana, eran personas acomodadas. Pero los hombres y mujeres que se sumaron al proyecto colonizador eran trabajadores y tenían escasos recursos. Su principal motivación era la búsqueda de libertad religiosa que les permitiera adorar a Dios según los principios bíblicos que observaban los puritanos, alejados de la influencia de la iglesia anglicana, o iglesia estatal, cuya cabeza era el rey de Inglaterra. Los peregrinos que emigraron a América del Norte eran materialmente pobres, pero poseían un activo intangible: su cosmovisión cristiana y su sistema de creencias. Este activo descansaba en la doctrina aprendida de sus maestros puritanos, que les había proporcionado una comprensión clara de lo que debía ser una nación libre. Ellos captaron muy bien que una nación libre debía garantizar a todos sus ciudadanos libertad para adorar a Dios según su conciencia.

Y para que hubiese libertad para adorar a Dios había que trazar un perímetro político de protección, porque la nueva nación no podría ser monárquica como aquella de donde habían huido. Ellos habían sufrido persecución de la iglesia de Inglaterra, por eso ansiaban alejarse. Entendían lo que significa el absolutismo político y religioso. Los peregrinos tenían algo muy claro: adorar a Dios en libertad exige no poner trabas al evangelio ni establecer límites políticos y sociales. Por ello, fundaron una nación en la que prevaleciera la separación de poderes creando «equilibrios y contrapesos» frente las autoridades políticas, donde la ética protestante del trabajo fomentara el potencial de los individuos, en un ambiente de igualdad de oportunidades. Con tales principios, trabajo esforzado y perseverancia generacional hemos sido testigos del más alto nivel de prosperidad que la humanidad ha conocido. Esto fue posible gracias a tres elementos claves: el carácter piadoso de los ciudadanos, las libertades políticas y el sistema económico de libre mercado.

¿Qué fue lo que produjo el carácter piadoso?

La idea de una profunda relación personal, salvadora, con el Señor Jesucristo, por medio de la fe, basada en la autoridad de la Biblia, sin intermediación de la iglesia y sus clérigos fue de crucial importancia. Significó el fin del sacerdocio clerical. La Iglesia Católica Romana, sobre todo durante la Edad Media, pretendió haber sido designada por Dios como intermediaria de la gracia salvadora de Cristo en favor de los pecadores, a través de los sacramentos. Esta visión errada se fundamentaba en ciertos supuestos acerca de la estructura y el funcionamiento de la creación, procedentes de la filosofía griega, no de la Biblia. En consecuencia, la Edad Media europea se caracterizó por una «visión jerárquica» de la sociedad.

La presuposición básica era que para cumplir su voluntad en el universo, Dios se valía de una «cadena o escala de seres». Cada uno de ellos ejercía autoridad sobre otros inferiores a ellos sometidos. La cadena comenzaba con las nueve órdenes de ángeles; después el rey (designado por Dios con derecho divino a gobernar como criatura especial); le seguían los nobles y el estamento eclesiástico (el papa, los cardenales y los obispos); después los señores feudales, los padres de familia y finalmente los hombres y mujeres comunes y corrientes. Era una sociedad altamente estratificada en la que cada persona dependía de un superior, por quien se accedía al conocimiento de la voluntad de Dios. Era una sociedad jerarquizada en la que se consideraba virtud mantener el escalón social en que Dios le había colocado a uno y transgresión tratar de ascender en la escala, por considerarse una actitud contraria a la voluntad de Dios. Esa estructura jerárquica y estratificada constituyó la base de la cultura hispanoamericana. Dicho de otro modo, los países latinos se organizaron en torno a una cosmovisión medieval europea. La modernidad latinoamericana se basa en la Edad Media europea.

Esta cosmovisión nos llegó a través de la colonización española y portuguesa.

La Reforma protestante acarreó la transformación de esta cosmovisión posibilitando el acceso a los fundamentos bíblicos del cristianismo. Es decir, acudiendo a Jesucristo, a la fe, las Escrituras, la salvación por gracia y a una vida dedicada a la gloria de Dios. El efecto de este discipulado fue un nuevo tipo de persona. ¿Qué tipo de persona propiciaron estas enseñanzas? Hombres y mujeres libres en Jesucristo. Libres de las estructuras opresivas y jerárquicas del Medievo. La libertad adquirida les permitió desarrollarse y ser las personas que Dios deseó que fueran. El desarrollo personal y social que sobrevino no tenía precedentes en la historia de la humanidad. Los países del norte de Europa se desarrollaron espiritualmente y en todas las esferas de la vida social y material, incluidas las artes, por ejemplo, Rembrandt, Van Dyck y otros, y las instituciones políticas, jurídicas, militares, etc. Esas naciones se convirtieron en las más prósperas de su época gracias a la semilla impoluta del evangelio que allí fue sembrada.

La semilla pura fructificó en la cultura y en todas las instituciones. Como ya dijimos, Dios actúa a través de las generaciones. Si las nuevas generaciones no mantienen firme su fe y su visión cristiana del mundo habrá consecuencias: se precipitará la pérdida de los beneficios que se han disfrutado. Con seguridad, el nivel de desarrollo y el bienestar social son reversibles. De hecho, desde mediados del siglo XVIII la cultura europea ha experimentado una decadencia progresiva por causa de las ideas ateas o agnósticas de la modernidad. Esto no excluye la posibilidad de que los latinoamericanos compartan los frutos que Dios en su providencia permitió alcanzar a algunos países. Y si éstos, pecadores caídos, lograron superar el estigma de la pobreza y el subdesarrollo, ¿por qué nosotros, asimismo pecadores caídos, no hemos de poder alcanzar tales niveles de prosperidad?

La buena noticia es que Jesucristo es Señor tanto de Europa como de los países latinoamericanos. La reciente decadencia europea y estadounidense no tiene que por qué afectar a nuestros países. Aplicando idénticos principios de sabiduría bíblica, podemos construir una cultura y escribir una historia cuyo avance sea incluso superior o más estable. De todos modos, contamos con sus logros: éstos nos ofrecen la infraestructura sobre laque nos podemos apoyar.

A la luz de todo esto cabe preguntarse: ¿Por qué las iglesias evangélicas latinoamericanas no han logrado hacer germinar la semilla de la transformación del reino de Dios en sus respectivos países?

Una de las creencias básicas del evangelio que se practica en nuestra región geográfica es el futurismo estéril que invita a los creyentes a pensar de la siguiente manera: «He sido salvo del infierno por medio de Jesucristo; me espera, pues, un feliz traslado al cielo. Este mundo presente se encamina hacia su destrucción; por tanto, yo no tengo absolutamente nada que ofrecer para asegurar su bienestar, sino solo esperar a que Jesucristo retorne e instaure su reino celestial. Las cosas de este mundo no van a mejorar hasta que Jesucristo vuelva». Esta mentalidad «escapista» no se corresponde con las Escrituras. Se debe a un dualismo cristiano de origen gnóstico, griego, platónico.

En mi opinión, este pensamiento dualista no concuerda con la cosmovisión y las creencias de los reformadores.

A Lutero se le atribuye una cita que reza: «Si yo supiese que Jesucristo va a regresar mañana, plantaría hoy un árbol». Es decir, lo mejor que puedo hacer para aguardar la segunda venida de Cristo es cumplir la voluntad de Dios aquí y ahora. El futurismo apocalíptico de la iglesia evangélica latinoamericana es uno de los rasgos de frustración y escapismo que han aquejado tanto al judaísmo como al cristianismo de otras épocas. No fue precisamente el rasgo distintivo de la iglesia cuando su espiritualidad se mantuvo robusta y firme.

Ahora bien, antes comenté que la cosmovisión cristiana ofrece un marco adecuado para una sociedad libre, justa y próspera (una sociedad floreciente), y que a la luz de las ideas de la Reforma protestante sobrevino una gran transformación en los países del norte de Europa. Pero también señalé que Latinoamérica vive sumida en una cosmovisión medieval. Me explicaré con más detalle:

La Edad Media europea tocó a su fin hace unos quinientos años. Estuvo dominada por un cristianismo de corte católico-romano centrado en la iglesia, no en Jesucristo. Su visión del mundo era estática, rígida, y trajo consigo opresión y estancamiento en muchas áreas de la vida. Como dijimos, esta mentalidad surgió a partir de la filosofía griega y fue adoptada por la iglesia como verdadera. Bajo esa estructura social no había mucho espacio para el desarrollo personal. Cuando uno nacía, nacía en calidad de noble, señor feudal, campesino o artesano. El puesto que uno ocupaba ya estaba definido por la categoría social en cuyo seno había nacido. Para poder cumplir la voluntad de Dios para su vida uno necesitaba, pues, la guía y dirección de los individuos que ostentaban posiciones superiores en la cadena. Por ejemplo, si había que resolver un problema en la iglesia, debían ser los líderes quienes propusieran la solución. Si había que resolver un problema económico, el rey decidía lo que debía de hacerse. Sus súbditos tenían que sujetarse a su autoridad y contar con su iniciativa y su prudencia o falta de ella. Esta mentalidad describe exactamente el funcionamiento de las sociedades latinoamericanas.

Por ejemplo, si hay un problema en el seno familiar, se espera del padre de familia que aporte la solución. Si surge un problema o hay que hacer una mejora en una iglesia evangélica, se espera que la solución venga del pastor porque los miembros de la iglesia confían que la voluntad de Dios les ha de llegar a través de su persona, por estar situado a un nivel superior en la cadena. Los miembros de la iglesia no esperan recibir guía directa de Jesucristo, sino solo a través de su liderazgo. Si en un país hay que resolver problemas o aprovechar oportunidades, se espera que el presidente proponga ideas e iniciativas sabias. Según este enfoque, los ciudadanos no tienen capacidad ni permiso de Dios para actuar por sí mismos, sino a través del rango superior de la cadena: reyes, nobles, clérigos y señores feudales. La idea es que la voluntad de Dios se cumple a través del sometimiento del individuo al orden jerárquico. La estructura jerárquica opera a nivel de la visión del mundo, de los supuestos implícitos sobre los que se apoyan los valores y las creencias culturales de cada nación latina. Pero sucede que el ciudadano común y corriente a duras penas es capaz de articular esta mentalidad de manera explícita.

Una de las suposiciones que dan pie a la escala del ser es que Dios creó un universo finito, lo cual implica que los seres humanos son incapaces de cumplir su voluntad, que el mal y la desobediencia humanos son consecuencia de la propia estructura de la creación. Es decir, la creación caída es un estado normal. La corrupción existe y hay que gestionarla, ya que es parte intrínseca de la finitud de la creación. La corrupción y la maldad no se pueden erradicar, hay que negociar con ellas. Constituyen una parte esencial de la creación. Esto es contrario a la enseñanza bíblica. La creación de Dios era en gran manera buena. El pecado introdujo una condición de anormalidad en la creación. La intención redentora de Dios se propone restablecer la condición original de su buena creación. De modo que, los discípulos de Jesucristo somos enviados a dar testimonio de la presencia de Dios, a combatir la corrupción y la maldad donde quiera que éstas se manifiesten, porque no pertenecen a la buena creación de Dios, por el contrario, son tan nocivas como los parásitos o gérmenes patógenos para la salud.

La visión jerarquizada de la sociedad hace que los más fuertes se enseñoreen de los más débiles y los dominen con la mentira de que Dios les ha concedido autoridad y poder para cuidarles y beneficiarles cumpliendo su voluntad. Las naciones latinoamericanas albergan sociedades estáticas cuyos sistemas sociales, políticos y religiosos están organizados de tal forma que impiden la movilidad vertical o el ascenso de los que se encuentran en el peldaño más bajo de la escala social. En este tipo de sociedad se supone que las mejores ideas, talentos y capacidades son propias de los que ocupan posiciones de liderazgo y autoridad. Esos líderes se creen personas especiales, dones concedidos por Dios al resto de las personas para que éstas cumplan su voluntad. Pero estas ideas son completamente contrarias a la enseñanza bíblica. La Biblia enseña que todos los seres humanos hemos sido creados a imagen y semejanza de Dios y que hemos recibido dones y capacidades para administrar la creación en beneficio del prójimo y el propio bienestar. El florecimiento de las personas y las naciones dependen del ejercicio de dichos dones y capacidades.

No es verdad que los líderes sean seres humanos especiales, superiores. Son personas comunes y corrientes a quienes se les ha asignado roles de servicio y autoridad delegada para procurar el bienestar de aquellos sobre quienes la ejercen. La autoridad que ejercen no les pertenece, es prestada y deben rendir cuentas por ella, tanto a Dios como a los individuos sobre quienes la ejercen. Los roles de autoridad son roles «funcionales», no tienen que ver con la identidad.

En la Edad Media el rey regía supuestamente por designación o derecho divino, es decir, era una criatura especial elegida por Dios para gobernar. Con la Reforma, esta mentira dio paso a la verdad. El papel del rey, el rol de gobernante es de naturaleza funcional. El gobernante no es una figura paternal. Su rol es gobernar y debe hacerlo con arreglo al propósito por el cual Dios le delegó su autoridad. Si no lo hace, su autoridad se torna ilegítima, y el pueblo es libre para decidir en conciencia si se va a someter o no a dicha autoridad. El rol del sacerdote o pastor es un rol funcional, no es propio de un creyente especial que tenga más acceso a los misterios del reino de Dios que el creyente más humilde de la iglesia. El hermano sentado en la silla presidencial es tan responsable delante de Dios por los dones y talentos recibidos como lo son el pastor y los líderes por los suyos. Cada creyente debe recibir directamente instrucciones de parte de su Señor, sin necesidad de validación de otros intermediarios. Dios no necesita de intermediarios para cumplir su voluntad en la creación. Él dirige personalmente a cada uno de los suyos. El Señor Jesucristo se refirió a este asunto cuando dijo que los reyes de la tierra se enseñorean de ellas, pero que entre los discípulos las cosas no deben ser así.

Desde la perspectiva del reino de Dios, el liderazgo está íntimamente relacionado con el servicio. Servicio que empodera y habilita a las personas para que desarrollen el potencial que Dios ha puesto en ellas. El liderazgo verdadero no se centra en el desarrollo egoísta de capacidades y posiciones. La actitud de servicio no incumbe solo a los líderes, sino a todos los seres humanos. Todos hemos sido creados para amar al prójimo y ayudarle a desarrollar su pleno potencial, su máxima capacidad. En contraste, en la cultura latinoamericana se presupone que únicamente los líderes tienen este llamado. Insistimos, la mencionada cultura se basa en una mentira, la de que solo en los líderes y los gobernantes estriba la única esperanza para edificar sociedades libres, justas y prósperas. Esto no es cierto. Bíblicamente hablando, todos los ciudadanos somos responsables delante de Dios del florecimiento de nuestro país. Lo que hay en la mente y el corazón de los ciudadanos determina la cultura del país y su destino.

¿Cómo es que esta concepción del evangelio, impulsada por la Reforma, no arraigó en Latinoamérica? ¿Por qué aún predomina en Latinoamérica la cosmovisión medieval –la noción mesiánica de que el gobernante es quien ha de resolver todos los problemas sociales y eliminar la pobreza del país?

Esto se debe a que la expansión misionera protestante en Latinoamérica tuvo lugar en el siglo XIX. El evangelio que predicó el movimiento misionero de ese tiempo ya estaba debilitado por sus enfrentamientos con corrientes antagónicas. Por esa época, el evangelio ya había sufrido el ataque del racionalismo de la Ilustración y del liberalismo teológico. Los seminarios y las escuelas de misioneros propagaron esas ideas (liberalismo y fundamentalismo) entre sus profesores, estudiantes y pastores.

Ciertamente la predicación del evangelio en Latinoamérica trajo consigo la conversión a Cristo de millones de personas en los dos últimos siglos. Pero es penoso ver que el evangelio mal predicado, diluido y distorsionado, ha contribuido a mantener el estatus quo de subdesarrollo, pobreza y opresión política en los países de este continente.

Aunque en una mayoría de países las instituciones políticas presentan formas democráticas, en el fondo, son estructuras que oprimen a los más débiles y vulnerables. Y al igual que las estructuras económicas y políticas, las iglesias evangélicas latinoamericanas operan según las pautas de la cosmovisión medieval europea. Proclaman el evangelio de la Reforma, pero sus supuestos subyacentes y prácticas eclesiásticas, así como el discipulado de sus miembros, son muy similares a los de la iglesia católica.

El modelo que prevalece en las iglesias evangélicas latinoamericanas es el rol cuasi divino de sus pastores. Por supuesto, que se dan excepciones a esta tendencia, como ocurre con todas las cosas. Esos líderes eclesiásticos enseñan que han sido designados por Dios (algunos se autodenominan apóstoles), como dones especiales para la iglesia. Los miembros de la iglesia no tienen derecho a pensar por sí mismos ni a recibir instrucciones directas de Jesucristo a través del Espíritu Santo. Si Jesucristo tiene una palabra para algún miembro deberá ser validada por el pastor. En vez de inculcar en sus miembros el estudio de las Escrituras en profundidad y la escucha personal de la voz de Dios, enseñan la práctica devocional de la Palabra de Dios y que ellos han sido designados por el Señor para escudriñar los misterios de la revelación bíblica y compartirlos con el resto de la congregación. Esto no es más que preservación de las estructuras medievales jerárquicas y la escala del ser. De ahí que haya muchos creyentes inmaduros que no saben discernir cuál sea la voluntad de Dios para sus vidas ni desempeñar sus roles en la sociedad y la plaza pública.

A pesar de todo, hay esperanza para los países latinos de acabar con la corrupción, el hambre, la pobreza y la opresión social, política y religiosa. Por supuesto que hay esperanza. Pero lo primero que habría que extirpar en el país es el «tigueraje».

En la cultura dominicana, el *tigueraje* designa una mentalidad, una actitud y unas pautas de conducta características en todas las condiciones sociales del país. En esencia, se trata de sacar ventaja de todo el mundo. Es la idea dominante de que lo principal e importante es lo que favorece a mis intereses, que las leyes tienen excepciones y que si no me someto a ellas podré negociar una «oportunidad» que me permita salir exonerado de culpa. El *tigueraje* de la República Dominicana y Latinoamérica es en gran parte consecuencia de una sociedad estratificada. Como no es nada fácil acceder a una movilidad social y económica vertical, para prosperar he de aprovecharme de mis semejantes y explotar a los que están por debajo de mí. En cuanto a los que están en el poder, me he de mostrar servil y adulador para granjearme su benevolencia, aunque tenga que colaborar con sus prácticas corruptas.

A primera vista, diríase que esta práctica es propia de los niveles sociales más bajos. Pero no es así. Es el «*ethos* subconsciente» en todos los niveles sociales. El *tomar ventaja* es el paradigma del éxito en la cultura latinoamericana. Designa a la persona que se sale con la suya en todos los ámbitos. ¿Cuáles son las consecuencias sociales de esta forma de pensar? Esta forma de actuar generalizada favorece a los que están en el poder. La falta de ética y de honradez del pueblo sustenta la falta de ética y la corrupción de los que ostentan el poder y la clase alta. El *tomar ventaja* de los de arriba se sostiene con el *tomar ventaja* de los de abajo. Los de arriba se mantienen con la compra de votos, la venta de cargos públicos y toda suerte de clientelismo político. Si se minimizara el *tomar ventaja* de los de abajo, entonces los de arriba no tendrán apoyos y sería más fácil crear instituciones que garantizasen el imperio de la ley. El discipulado de la iglesia en nuestras naciones debe tener por objeto reducir el grado de deshonestidad de las clases populares.

Un testimonio bíblico, no religioso, del evangelio del reino de Dios, no solo predica la salvación del alma y la transformación del corazón mediante el nuevo nacimiento, sino una nueva mentalidad, una renovación del entendimiento que reta las estructuras de la cultura mundana. Los seres humanos engendramos sistemas sociales que brotan del pensamiento del corazón. Un discipulado efectivo produce personas transformadas que, a su vez, transforman la sociedad que las envuelve. La transformación que genera el reino de Dios armoniza todos los aspectos de la vida con la voluntad de Dios para los seres humanos, trae consigo reconciliación, sanación y bienestar general. Es decir, *Shalom* de Dios. Por supuesto, el *Shalom* de Dios no será completo mientras habitemos en este mundo caído, pero su manifestación aliviará significativamente las miserias humanas. Evidenciará un florecimiento de la nación. En esto consiste parte de la vida abundante que Jesús vino a dar al mundo.

Hemos de entender que la transformación que nos ocupa estriba en una perspectiva del reino de Dios que pone su confianza y su lealtad supremas en Jesús como Rey. Hay cabida para las estructuras jerárquicas y de autoridad en la sociedad (Romanos 13), pero sin esta idea del reino de Dios las sociedades jerarquizadas, constituidas por jefes y subalternos, tienden a perpetuar estructuras políticas afectadas de paternalismo, falta de libertad y escasa prosperidad material.

Pero Dios nos creó para ser libres, libres de cadenas que esclavizan a los seres humanos y de sistemas sociales opresivos. Dios ha creado estructuras de autoridad para asegurar el orden social. Si bien esta autoridad es administrada por seres humanos caídos, Él ha puesto conciencia de libertad en los ciudadanos para detectar los abusos, a saber, cuando las autoridades traspasan los límites que Dios ha establecido, a fin de que aquéllos reaccionen y presionen para obligar a éstas a mantenerse dentro de dichos límites. Si un pueblo carece de esta conciencia de libertad, su nación no puede conocer un orden que fomente la justicia, la libertad y la prosperidad.

Transformar sociedades jerarquizadas en sociedades con equidad y justicia no se puede lograr por medio de ideas y gestiones de líderes, ya provengan éstos de arriba o surjan abajo. En una creación caída, los seres humanos egoístas no renuncian a sus privilegios si no se sujetan a las leyes. Leyes que reflejen la justicia de Dios, no las que promulgan los poderosos para perpetuar sus privilegios. No es cierto que el bondadoso plan de Dios para las naciones latinoamericanas vaya a cumplirse por medio de la gestión de los líderes actuales. No pueden cumplirse por esa vía. Dios ha repartido responsabilidad entre todos los ciudadanos, no unos pocos. Él pedirá cuenta a los súbditos de todas las naciones por el uso que hicieron de los recursos, el capital humano y las oportunidades que les otorgó en su providencia para influir en la historia de la humanidad. Cada persona tiene acceso, mediante los medios de la gracia (la Biblia y el Espíritu Santo) a una relación directa con el Señor Jesucristo, sin intermedio de pastores ni iglesia.

El Señor Jesucristo puede decirle a un ciudadano de cualquier país que sea seguidor suyo: «Te he puesto para que acabes con la corrupción y la injusticia en tu nación». A William Wilberforce le dijo que le había escogido para poner fin a la esclavitud en Inglaterra, en el siglo XVIII. La esclavitud representaba por ese tiempo un problema más grave que la corrupción política del sector privado y de la cultura popular dominicana. Sin embargo, Dios llamó a un individuo. Es cierto que Wilberforce fue ayudado por un grupo de amigos fieles, pero su llamado fue individual. Dios no usó clérigos de la iglesia anglicana ni reformada como intermediarios. Llamó a un joven de veintitantos años y le comisionó dos grandes tareas: Acabar con la esclavitud y reformar las malas costumbres de la cultura inglesa de la época. Por ese tiempo, los barcos para bebedores, los juegos de azar, las peleas de perros, etc., eran costumbres bien arraigadas en la sociedad británica. Es decir, se vivía un ambiente de decadencia, tanto en el pueblo llano como en la aristocracia.

Wilberforce dedicó su vida (más de cuarenta años) de político parlamentario a luchar primeramente para conseguir que Inglaterra prohibiera la participación de sus ciudadanos en el tráfico de esclavos, y en segundo lugar, para que se prohibiera la esclavitud en los territorios ultramarinos controlados por el imperio británico. Respecto al segundo punto, pese al gran servicio pionero que prestó a la causa de la justicia, apenas se le atribuye la transformación de las costumbres inglesas.

Wilberforce fue un aristócrata muy popular en su tiempo por su carácter afable y sus buenas relaciones. Mediante la práctica de la compasión y la misericordia bíblicas, él logró que la ayuda al necesitado se percibiera como algo «in» (de moda) en la sociedad inglesa. La aristocracia inglesa adoptó el hábito de la compasión y la misericordia para con los pobres como fuente de esplendor y prestigio. A través de su ejemplo y del de sus amigos, Wilberforce convenció a la aristocracia de que causaba buena sensación (incluso granjeaba fama) y era rasgo genuino de la misma el ayudar al necesitado y practicar la caridad para con los pobres. Poco a poco, tanto la gente humilde como los aristócratas fueron cambiando y poniendo freno a sus malas costumbres culturales. Pero el llamado de Wilberforce fue individual, no colectivo.

Así pues, ¿qué problema presenta la cadena del ser para el florecimiento de las naciones? Que todo el mundo espera que las transformaciones importantes que Dios quiere para cada una de ellas sobrevengan a través de seres humanos iluminados y de líderes que presiden en las distintas esferas sociales. Esto es erróneo. Dios hace su voluntad guiando a cada una de sus criaturas, dándoles órdenes directas. Las personas rebeldes que no reconocen el señorío de Jesucristo no le obedecen. Pero las que han sido bendecidas con el nuevo nacimiento le obedecen y, gracias al fruto de la renovación de su entendimiento, desean que su voluntad se cumpla en todas las esferas sociales.

Así es como podemos los latinoamericanos romper con 500 años de cosmovisión medieval que nos ha mantenido sumidos en el retraso y avanzar hacia la prosperidad de nuestros países.

Empezaremos por discipular el país con el evangelio bíblico —el evangelio del reino de Dios, que es Jesús—.

El reino de Dios es el tema central del evangelio de Cristo. Es, pues, menester, dejar atrás el evangelio religioso que se practica en las iglesias evangélicas.

Hay una diferencia entre el cristianismo centrado en Jesucristo y su reino y el cristianismo basado en mi salvación, mi vida en el cielo y mi dependencia de la iglesia para mi discipulado y mi madurez espiritual. El evangelio que se practica en los países latinoamericanos es un evangelio centrado en el beneficio de los creyentes, no en la gloria de nuestro Creador y Redentor. Según esta especie de cristianismo lo importante es que Dios me bendiga, me provea y satisfaga todos mis deseos y caprichos. Dios se convierte en mi siervo y proveedor —yo paso a ser su amo—. Esto contradice la realidad: Dios es el amo, nosotros sus siervos. Lo fundamental del cristianismo es la gloria de Dios; lo secundario es la salvación de los seres humanos a raíz del reconocimiento de su gloria.

Por otro lado, un evangelio religioso se centra en la intermediación de la iglesia como plataforma para el crecimiento espiritual y en el rol de los líderes y pastores como intermediarios de los misterios del reino revelados en las Escrituras. Esta centralidad de la iglesia invita a establecer una separación entre la esfera de la vida espiritual privada y familiar y la vida pública y social del país. Es decir, se practica un evangelio dualista, separado, desconectado de los aspectos vitales integrados en la creación y la redención.

La concepción básica del cristianismo dualista es que Dios no se interesa por este mundo y por las naciones, excepto para salvar almas, porque, en última instancia, Él va a destruir este mundo con fuego. Por lo cual, lo importante es «el otro mundo» y la preservación de la santidad del alma hasta que Él regrese, nos saque de aquí y nos lleve al cielo. Este evangelio no es el evangelio que predicó la iglesia primitiva. Tampoco es el de la Reforma. Ni es el evangelio de las trece colonias norteamericanas.

Una fe cristiana robusta entiende que Jesucristo es Señor de la nación. Y Señor de la cultura. Y como es Señor, es también gobernante. Nosotros somos sus súbditos, tenemos responsabilidades para con Dios. Él nos ha entregado dones: el don de la democracia, el regalo de poder votar y elegir a los gobernantes que el país prefiere. Es un privilegio que implica la responsabilidad de todos. Los que no conocen a Cristo, ignoran que esa responsabilidad recae sobre ellos, pero los creyentes deben ser conscientes. Por tanto, nuestra obligación consiste en discipular a las personas: primeramente, predicarles el evangelio para que se arrepientan y se conviertan, y acto seguido instruirles, conducirlas por un discipulado para que experimenten transformación en la mente y desarrollen sus dones y su potencial humano al servicio del Rey Jesucristo. Y así, persona a persona, discipular a toda la nación. Discipular implica transformar la cultura, alinearla con los principios de la cosmovisión bíblica, y a resultas de ello, crear una cultura de libertad, justicia y prosperidad.

En el proceso de discipulado, hemos de procurar no subestimar los dones creacionales que Dios ha tenido a bien conceder al país. Por ejemplo, la nación dominicana tiene muchas cualidades culturales que Dios espera que sean utilizadas para manifestar su reino. Dios ha concedido grandes dones a la República Dominicana. Es sin duda uno de los países más bellos del mundo. Uno de los ecosistemas insulares más diversos del planeta. Algunos afirman que es el tercer país con más biodiversidad insular del mundo. Tenemos habilidades para jugar al béisbol, una gastronomía muy sugestiva, una actitud afable y amistosa para con los extranjeros. Todos estos son dones especiales que Dios nos ha concedido. Como dominicanos, somos responsables ante Jesucristo, dueño y Señor de la República Dominicana.

Todos los ciudadanos dominicanos, todos los habitantes del mundo, tenemos que dar cuenta a Jesucristo por cosas que abarcan desde el trato que damos al ecosistema hasta los gobernantes que escogemos. Es una responsabilidad que recae en todos nosotros. Si el ciudadano común entiende, aunque no comparta, que los valores del reino de Dios conducen a la prosperidad, y que los cristianos los encarnan, la nación, cualquier nación, será transformada.

¿Qué debemos hacer, pues? Evidentemente, es necesario formar una generación de cristianos modélicos, profesionales, que desempeñen un papel benéfico en la sociedad.

Hay tres instituciones claves que definen la mentalidad de una sociedad: la familia, la iglesia y la escuela. La iglesia es la lámpara que proyecta la luz de la verdad y la sabiduría del reino de Dios. La luz que emana de la iglesia debe permear a la familia y la escuela. Es preciso promover a nivel privado y familiar una educación cristiana sólida, bíblica, integral, como alternativa a la educación pública, que sea capaz de influir en ella. Hay que enseñar a las familias el orden bíblico del hogar cristiano que sirva como modelo a imitar por sus vecinos no creyentes. ¿Cómo impactó el cristianismo a la familia en el imperio romano? No fue la mera enseñanza sobre la unidad familiar.

El cristianismo de los primeros siglos estuvo encarnado por una minoría perseguida que no podía predicar públicamente. ¿Cómo, pues, tuvo lugar la transformación de la familia pagana en el seno de la cultura romana? El modelo de familia cristiana, compuesto de esposo, esposa e hijos, adoptado por los creyentes, fue observado por los paganos. Los paganos querían que sus mujeres se comportasen como las esposas de los cristianos, y las paganas querían que sus esposos fueran como los esposos cristianos. Esto plasmó una ética que transformó a la familia romana pagana en una institución más acorde con los sabios principios del reino de Dios.

Tal transformación no fue perfecta, pero influyó en las costumbres paganas del imperio romano. ¿Por qué? Porque se empezaron a poner en práctica los modelos bíblicos. Los vecinos, los amigos, los veían, notaban la diferencia y querían también cambiar. Tenemos que cultivar un tipo de piedad bíblica que sea manifiesta por sus actos, no por sus palabras, para que la gente en derredor nuestro quiera asemejarse a nosotros, como nosotros imitamos a Jesucristo.

Un factor clave de este proceso son los niños y los jóvenes, las nuevas generaciones, que representan el futuro de la iglesia y de la nación. A la generación adulta y a nuestros mayores no les queda suficiente tiempo para llevar a cabo una tarea de tanta envergadura como el discipulado de nuestros países. Tenemos que preparar a la nueva generación para que sean mejores y más fieles a Jesucristo de lo que hemos sido nosotros. A la nueva generación le corresponderá la tarea de edificar los muros culturales e institucionales para proteger la fe. La labor de discipular a la nueva generación es seguramente la mayor contribución que nuestra generación puede prestar al Reino de Dios.

Lo más importante es el carácter personal que desarrollen los niños y los jóvenes una vez discipulados. En definitiva, lo que determina la temperatura moral de una sociedad, así como la de sus instituciones y su desarrollo, es el carácter moral de sus ciudadanos. No lo que profesen con su boca, sino lo que albergan en sus corazones y mentes. Su cosmovisión se reflejará en sus productos culturales.

SOLI DEO GLORIA.

Acerca de los autores

Dwight Vogt presta servicio como vicepresidentede programas internacionales de la Alianza para el Discipulado de las Naciones (ADN; DNA por sus siglas en inglés). Antes de incorporarse a ADN trabajó 27 años para Fundación contra el Hambre, desempeñando funciones de liderazgo sobre el terreno en Tailandia, Bangladesh y Perú. Dwight es autor de *Footings for Children: Imparting a Biblical Worldview So They Can Thrive* (Cimientos para niños: Impartición de una cosmovisión bíblica para que puedan prosperar). Obtuvo su maestría en estudios interculturales y misionología en la Universidad de Biola. Tiene tres hijos adultos y reside con su esposa Deborah en Phoenix, Arizona. Puede contactar con Dwight en info@disciplenations.org

La Alianza para el Discipulado de las Naciones (www.disciplenations.org) es un movimiento que existe para ayudar a la iglesia a alcanzar su pleno potencial como principal agente de Dios para restaurar, sanar y bendecir naciones dolientes. Llevamos a cabo nuestro propósito equipando al pueblo de Dios para ser manos y pies de Jesús en sus familias, comunidades y llamados vocacionales.

Nuestra visión consiste en imaginar iglesias con una cosmovisión bíblica y equiparlas para llevar a cabo un ministerio holístico, encarnado, que alcance todas las esferas de la sociedad. Proporcionamos herramientas sencillas que permiten a las iglesias iniciar de inmediato el proceso de transformación con los recursos existentes —con independencia de cuán materialmente escasos puedan ser.

Si desea recibir más información acerca de la Alianza para el Discipulado de las Naciones o de nuestros recursos de enseñanza e instrucción, visite nuestra página web.

Alianza para el Discipulado de las Naciones
1110 E. Missouri Ave., Suite 393
Phoenix, AZ 85014
www.disciplenations.org

Luis Sena Carrasco es natural de la República Dominicana. Estudió y practicó la arquitectura antes de dedicarse al desarrollo comunitario, campo en el que prestó servicio a la Fundación Contra el Hambre durante 28 años. En ese tiempo ha sido director de programas, director nacional, director regional para el Caribe, e instructor regional de cosmovisión bíblica y desarrollo para Latinoamérica. Luis es actualmente vicepresidente de *Edify* en Latinoamérica, organización que promueve el desarrollo para los más vulnerables a través de la educación cristiana. Luis y su esposa Carmen llevan casados 33 años y tienen tres hijos.